Marie-Laure Cuzacq

# LES MANIPULATEURS

## Les identifier, déjouer leurs pièges



Edigo

# Sommaire

# Introduction

La manipulation est une notion plurielle, affectant aussi bien notre vie affective que professionnelle. Nous allons donc tenter, dans les pages suivantes, de balayer le large spectre de cette notion de sa forme la plus bénigne à la plus dangereuse. Étudier la manipulation, c'est étudier les petits et grands secrets de l'être humain : ses désirs, ses intentions, ses motivations, ses émotions. C'est aussi, de façon plus pratique, avoir une vision plus claire des échanges et des relations avec nos proches, nos collègues, nos amis…

Dans ce livre, le terme « manipulateur » est utilisé fréquemment, car il n'y a qu'un seul mot pour parler de celui qui manipule. Il faut cependant se défendre contre une vision trop manichéenne de ce terme : il n'a pas forcément l'aspect négatif qu'on lui prête souvent. Tous les manipulateurs ne sont pas des personnes assoiffées de pouvoir et de sang. Un manipulateur, ce peut être votre enfant, votre mari, votre patron, votre mère, votre meilleur ami… vous-même peut-être ? Il faut donc prendre ici le mot « manipulateur » au sens large, c'est-à-dire comprendre tout simplement la personne qui manipule.

Les grandes questions traitées dans cet ouvrage sont donc les suivantes. Comment la manipulation affecte-t-elle nos décisions ? Quelles sont les cordes sensibles sur lesquelles elle joue ? Quels en sont les leviers ? Quelles techniques met-elle en œuvre ? Quels en sont les dangers ? Et enfin, comment s'en libérer et s'en défendre ?

Bonne lecture.

# La manipulation : une notion ambiguë

*« Un monde où tout le monde manipulerait tout le monde ? Notre monde. »*

## Un peu de théorie

### La manipulation, une particularité bien humaine

Le terme de manipulation a aujourd'hui une dimension très négative : à l'entendre, nous pensons immédiatement aux mots « piège », « mystification », « mensonge », « tromperie », « duperie », « fourberie »… Il est vrai, en effet, qu'avec le temps, ce mot a pris une connotation presque machiavélique. Nous avons tous entendu parler des suicides collectifs organisés par les gourous de sectes célèbres, ou des « lavages de cerveau » perpétrés sur des soldats américains, et dont le concept est encore repris dans certains films d'action ou d'espionnage.

Mais ce n'est pas la peine d'aller si loin, à la recherche de manipulateurs malfaisants et diaboliques ; la manipulation est en effet présente au quotidien, puisqu'elle fait partie de nous. Elle est inhérente à la nature humaine et ce, pour plusieurs raisons : l'homme est un être conscient (de lui-même et des autres) disposant d'un langage (verbal et non verbal) lui servant à communiquer avec les autres et qui vit en société (plus ou moins) hiérarchisée.

De fait, l'homme doit vivre au milieu d'autres hommes, former des réseaux, respecter certaines règles, échanger, partager, mais aussi se faire respecter, ou obtenir ce dont il a besoin pour être satisfait. La vie d'un être humain est donc l'enchaînement d'une multitude d'interactions avec son environnement et son entourage, dont il doit tirer parti. C'est ici que la manipulation rentre en jeu. Car prendre par la force, entrer en conflit avec autrui ou exprimer ouvertement ce que l'on veut, ce n'est pas toujours productif, utile ou économique en énergie et en temps. Il est alors plus facile de manipuler.

## Tous manipulateurs ?

La majorité du temps, ces techniques ne sont pas vraiment employées consciemment : nous ne calculons pas toujours l'effet de nos paroles ou de nos actes sur autrui. Nous avons, en effet, une capacité naturelle à manipuler, qui s'affine en observant et en analysant le comportement de notre entourage. Nul besoin d'avoir parcouru des centaines d'ouvrages de psychologie sociale pour apprendre à influencer et à diriger ses semblables. Nous disposons tous d'une compréhension instinctive du fonctionnement de la logique humaine, ce qui n'est pas forcément au désavantage d'autrui. Écoutons, par exemple, Myriam, qui nous parle de son mari : « *Quand Jacques rentre du travail, je vois s'il est encore stressé de sa journée ou pas. Et s'il l'est encore, je sais que ce n'est pas le moment de lui parler des mauvaises notes des enfants ou de mes problèmes avec les filles au travail. Je lui apporte un verre de vin et je le laisse parler de sa journée et se décharger un peu de son stress. J'essaie de le détendre, ou si je vois qu'il est encore énervé, je le laisse lire son journal tranquille pendant une heure ou deux. Je sais qu'il ne pourra m'écouter qu'après ce petit rituel... j'attends le bon moment en quelque sorte...* »

Myriam n'est pas psychologue, mais elle sait qu'elle ne pourra obtenir de son mari l'attention qu'elle recherche qu'après une certaine « mise en condition » préalable. Et nous avons tous cette intuition naturelle nous permettant de détourner le mode de fonctionnement d'autrui à notre avantage.

On peut également citer l'exemple de Sophie, mère de Bastien, un petit garçon de 7 ans : « *En ce moment, j'évite d'amener Bastien au supermarché, car il me fait le même coup quand on arrive à la caisse, c'est-à-dire quand on arrive à côté des bonbons. Si je ne lui en achète pas, il commence à pleurer et à crier. Évidemment, je pique un fard à chaque fois puisque je sens que tout le monde me regarde, et cela me paralyse. Alors, la plupart du temps, je cède pour que cela cesse. Et je suis sûre qu'il le sait et qu'il en joue. »*

Bastien sait qu'en faisant ses caprices de façon bruyante en public, il pourra obtenir la « reddition » de sa mère plus facilement… Les enfants ne sont évidemment pas exempts de ce concept de manipulation. Ce sont même d'excellents manipulateurs quand ils s'y mettent, comme le savent les parents, parfois à leurs dépens !

## Les multiples usages de la manipulation

La manipulation est donc l'art d'influencer autrui par des moyens détournés pour obtenir l'objet, la situation ou le comportement désirés. La manipulation la plus efficace, et peut-être la plus dangereuse, est évidemment celle qui ne se voit pas et qui, nous le verrons plus tard, laisse à la personne manipulée l'illusion du libre arbitre.

La manipulation prend plusieurs visages. Nous l'utilisons tous un jour ou l'autre, pour convaincre un client indécis, séduire un partenaire sexuel potentiel, vendre un aspirateur ou une machine à laver, obtenir un délai supplémentaire sur un dossier urgent, influencer sa femme pour ne pas encore aller voir un film à l'eau de rose, ou encore diriger des subordonnés un peu résistants au changement. Certains professionnels sont même des spécialistes de la manipulation : publicitaires, vendeurs, politiques : comment pensez-vous qu'ils arrivent à vous faire faire des choses que vous n'auriez jamais faites spontanément (acheter une nouvelle marque de yaourts, voter pour telle ou telle personne) ?

## À savoir : manipulation et influence, quelle différence ?

La manipulation est, comme nous l'avons souligné, une notion très ambiguë dans la mesure où il est difficile de la repérer, de la quantifier, de la démontrer, et parce qu'elle fait partie de notre vie quotidienne. De plus, sa signification reste très proche d'autres notions, connotées plus positivement, comme la notion d'influence par exemple. Alors quelle est la différence entre l'influence et la manipulation ?

L'influence est l'action qu'un être exerce sur un autre être. On admet généralement que l'influence est, a priori, plus transparente que la manipulation, dans la mesure où le but est clair et sans ambiguïté. On parle également d'influence quand la personne influencée bénéficie aussi de la manœuvre d'influence, contrairement à la manipulation, où la personne manipulée est flouée, utilisée sans aucun avantage pour elle.

Cependant, dans la pratique, la différence n'est pas aussi flagrante. En effet, l'influence et la manipulation utilisent les mêmes outils : persuasion, sentiments, menaces, argumentation… Elles reposent également sur les mêmes ressorts psychologiques : besoin d'appartenance, de cohérence, etc. La seule différence serait donc dans le but de la manœuvre.

De plus, nous pouvons légitimement penser qu'une personne influente a évidemment plus de facilités pour manipuler les autres…

La seule bonne question à se poser est donc : « *Le fait que cette personne me manipule ou m'influence est-il bon pour moi ? Qu'est-ce que j'y gagne à court et surtout à long terme ? Qui supporte les coûts de la manœuvre ? Qui en bénéficie ?* »

## À retenir

### ➢ La manipulation est une spécificité bien humaine

Nous sommes tous plus ou moins manipulateurs, bien que la plupart d'entre nous s'en défendent. Car la manipulation est un des moyens les plus efficaces pour obtenir ce que l'on souhaite, tout en préservant les relations avec les autres, surtout si nous ne sommes pas en position de domination évidente.

### ➢ La manipulation n'est pas forcément consciente ou destructrice

Le terme « manipulation » a acquis avec le temps une dimension très négative. Mais manipuler ne signifie pas toujours détruire l'autre ou obtenir quelque chose à son détriment, même si cela arrive assez souvent malheureusement, quand l'objectif de la manipulation rend secondaires les dommages collatéraux possibles…

### ➢ La manipulation est multiple

Elle peut paraître très complexe, même si elle repose sur des principes simples. Et elle touche les domaines de la vie dans lesquels le relationnel reste important, c'est-à-dire presque tous…

# Le besoin d'appartenance

*« Il faut faire partie d'un groupe. Seul, vous ne valez rien. »*

Jacques Folch-Ribas

## Un peu de théorie

### Les techniques manipulatoires s'appuient sur des besoins humains fondamentaux

Les techniques manipulatoires peuvent prendre des formes assez complexes, mais pour être efficace, la manipulation doit prendre racine dans ce qui fait de nous des êtres humains : la communication, les rapports sociaux, les sentiments, les émotions… qui deviennent ainsi des leviers très puissants pour influencer, manipuler, diriger autrui.

En effet, l'homme a un certain nombre de besoins fondamentaux, qui régissent et conditionnent sa vie, qu'elle soit affective, sociale ou professionnelle. Ainsi, l'homme a des besoins primaires, comme manger et boire, mais aussi des besoins sociaux, comme faire partie d'un groupe et faire en sorte d'être reconnu par les autres membres de ce groupe.

Du point de vue de l'évolution, cela paraît naturel : isolés les uns des autres, les humains n'auraient eu que peu de chance de survivre. Notre capacité à vivre en groupes soudés et solidaires a eu une importance primordiale quant à notre survie et notre suprématie sur les autres espèces animales.

Ce besoin de faire partie d'un groupe s'appelle « besoin d'appartenance » en psychologie sociale.

## L'importance des codes sociaux et du statut

L'homme se définit en partie par les relations qu'il entretient avec les autres et par les groupes auxquels il appartient. Telle personne est, par exemple, avocat et fait partie du Rotary Club. Telle autre fait partie d'un groupe de hard rock ou de peinture. Le groupe peut alors « absorber » une partie de l'identité de l'individu, qui va s'y fondre et y projeter ses envies, ses projets, ses goûts et ses motivations. Mais pour faire partie du groupe, il faut intégrer tout un ensemble de codes et de rituels qui font partie de sa culture. Ce sont des moyens de se démarquer des autres groupes et de proclamer son appartenance à celui que l'on a choisi. Ces codes sont multiples et peuvent transparaître dans la façon de s'habiller (jean déchiré ou baggy pour les jeunes skateurs, costume cravate pour les traders, robe pour les avocats à la cour), dans la façon de parler (le « verlan » en est une preuve, ainsi que le jargon spécifique à certains corps de métiers), pour ne citer que les signes les plus voyants. D'ailleurs, être exclu du groupe est un moyen de pression extrêmement efficace. Exclu, on perd ses repères, son statut, on est obligé de « recommencer à zéro », on n'a plus aucun appui, on ne sait plus comment se comporter ni à qui faire confiance, on se sent faible et vulnérable. Le groupe est, en effet, une force incroyable pour l'individu.

## La force de la preuve sociale

Le groupe a un effet puissant sur chacun de nous : il dicte en grande partie nos actions. Ainsi, quand nous ne savons que faire dans une situation particulière, nous observons d'abord ce que font les autres, puis, la plupart du temps, nous faisons exactement la même chose, pour ne pas paraître « différents » : c'est ce que l'on appelle le concept de « preuve sociale ». En règle générale, cette façon de fonctionner offre beaucoup d'avantages et c'est la raison pour laquelle nous continuons à agir ainsi.

Prenons, par exemple, le témoignage de Benjamin : « *Après mon diplôme de commerce, j'ai été embauché dans une grande entreprise qui vendait des stores. Je voulais vraiment m'intégrer à 100 % dans l'équipe. J'ai donc passé la première semaine "en sous-marin". J'ai bien observé comment les autres fonctionnaient et j'ai fait pareil. Je partais à peu près en même temps que les autres, c'est-à-dire vers 19 h, alors que j'étais censé terminer vers 18 h. Je prenais ma pause-café en même temps que les autres et j'en profitais pour faire connaissance avec tout le monde, de façon plus informelle. Ça paraît bête avec le recul, mais je riais quand les autres riaient par exemple, même si je ne trouvais pas la blague drôle ! J'allais aussi avec mes collègues boire des coups après le boulot. Au bout du compte, tout le monde m'a accepté très rapidement. En revanche, il y a deux mois, un petit nouveau est arrivé. Je voyais bien qu'il faisait tache dans le groupe : il restait toujours dans son coin, il venait en jean, sans cravate, il ne fumait pas en même temps que les autres… Il est parti avant la fin de la période d'essai. »*

Il est important de souligner que ce phénomène de preuve sociale est exacerbé dans les situations d'incertitude : nouveau travail, introduction dans la belle-famille, présentation à un nouveau cercle d'amis, etc. Notre acceptation dans le groupe varie en fonction de notre capacité à assimiler ses codes.

Agir en conformité avec le groupe est confortable, car cela nous dispense parfois de « penser » véritablement… Mais cette tendance au mimétisme peut également nous desservir, à l'image de ces troupeaux entiers de bisons filant vers la falaise pour tomber quelques centaines de mètres plus bas…

## À savoir : la recherche de conformité... à tout prix

Plusieurs expériences de psychologie sociale ont donné la preuve de notre tendance à nous conformer à l'attitude prônée par la majorité, parfois au mépris de nos propres convictions. L'une de ces expériences, faite par un certain Solomon Asch, est particulièrement frappante.

Asch mit en place un groupe de 7 volontaires, rassemblés pour une soi-disant expérience sur nos capacités visuelles. Sur les 7 personnes, interrogées de façon consécutive et en présence des autres, seule la dernière à répondre était réellement « observée » par le psychologue, les 6 autres étant ses complices. Ces personnes devaient observer des planches sur lesquelles étaient dessinées trois barres verticales, puis déterminer laquelle de ces lignes avait la même longueur qu'une barre « témoin » présentée sur une autre planche. Rien de difficile en apparence, dans la mesure où les différences de longueur étaient vraiment flagrantes...

Après une série d'essais concluants, où tous les volontaires étaient d'accord sur la bonne réponse, la machine se mettait à dérailler. Ainsi, interrogés les uns après les autres, et au mépris du bon sens, les six premiers volontaires donnaient tous la même mauvaise réponse et montraient une barre visiblement différente de la barre témoin, au grand étonnement du 7e volontaire. C'est ici que le concept de preuve sociale prend toute sa signification, car au moment de parler, cette personne se rendait à l'avis du groupe dans... 37 % des cas ! Et cela, malgré l'évidente erreur d'appréciation de ses comparses...

## À retenir

### ➢ L'être humain a des besoins… que le manipulateur peut utiliser à son profit

Nous aspirons tous plus ou moins à la même chose : par exemple, être intégrés dans un groupe. Il est donc facile, sachant cela, de manipuler autrui en utilisant ce levier social. Car certaines personnes feraient n'importe quoi pour pouvoir être admises dans certains « cercles » d'appartenance.

### ➢ L'apprentissage des codes et de la culture du groupe

Nous avons naturellement tendance à copier l'attitude des autres, surtout quand nous nous sentons en position de faiblesse ou d'incertitude, pour pouvoir nous fondre plus facilement dans le groupe. Nous apprenons ainsi naturellement les codes et les rituels qui, intégrés correctement, feront de nous des membres à part entière de la « communauté » choisie.

### ➢ La preuve sociale : une force et une faiblesse pour l'homme

Dans la majorité des cas, faire comme les autres est plutôt utile. Mais il arrive que cela nous desserve : nous suivons aveuglément, sans vraiment réfléchir. Pensons, par exemple, aux mouvements de foules, qui, prises de panique, peuvent mettre en danger les personnes les plus faibles en les piétinant.

# Cohérence et engagement

*« L'engagement, c'est un mur conçu expressément pour que l'on fonce dedans. »*

Nathalie Petrowski

## Un peu de théorie

### Le besoin de cohérence : un besoin universel et nécessaire

Nous avons tous, qui que nous soyons, un besoin de cohérence quasi obsessionnel. Être cohérent, c'est honorer ses convictions, avoir une certaine continuité dans son comportement et faire qu'opinions et actions concordent. Cohérence est souvent synonyme de stabilité et de fiabilité. La cohérence est utile puisqu'elle nous donne une certaine ligne de conduite.

Imaginons quelqu'un d'incohérent : ses paroles ne sont jamais suivies d'actes, ses amitiés et ses préférences changent selon la météo ou les circonstances, il est incapable de s'engager ou d'avoir une opinion personnelle. Que pensons-nous d'une telle personne ? Qu'elle est peu fiable, inconséquente, voire hypocrite. La cohérence est donc nécessaire pour notre vie en société.

La cohérence a également un autre avantage : elle nous permet de ne pas réfléchir sans cesse sur le bien-fondé de chacune de nos actions. Si, à chaque fois que nous décidions quelque chose, nous devions prendre en compte tous les paramètres existants, nous ne ferions plus rien : tout notre temps et toute notre énergie seraient happés par ce processus. Cela aurait évidemment un coût psychologique énorme. Au lieu de cela, chaque décision que l'on prend est dictée par les décisions et opinions qui lui sont antérieures, ce qui diminue considérablement le champ des possibilités. La cohérence est confortable dans le sens où elle réduit la réflexion nécessaire à la prise d'une décision, dans la mesure où elle fera partie d'un tout global. Elle rend chacun de nous compréhensible et… prévisible.

## L'engagement : la conséquence naturelle de la cohérence

Être cohérent amène forcément à continuer dans une voie, une fois que l'on s'y est engagé. Évidemment, cet engagement peut être plus ou moins fort : entre la parole lancée entre deux verres de vodka et le contrat signé en bonne et due forme, la différence est flagrante. Il est notoire qu'un engagement pris devant témoins est, par exemple, beaucoup plus fort et difficile à rompre qu'un engagement pris de façon anonyme ou n'ayant que soi-même pour témoin. De même, un acte engage plus profondément qu'une parole. Imaginons que vous désiriez partir en vacances : dire tout simplement que vous partez aux Baléares est forcément moins déterminant qu'aller sur Internet et réserver votre séjour ! Ce qui est également intéressant de noter, c'est qu'après avoir choisi les Baléares, vous trouverez ensuite tout un tas de bonnes raisons qui vous conforteront, a posteriori, dans votre décision : l'hôtel que vous avez trouvé paraît top, les Baléares sont bien moins chères que les Maldives, etc. Vous capterez naturellement toutes les informations allant dans le sens de votre décision sur la question : votre décision et donc vos actes vont de fait, en partie, influencer votre opinion sur le sujet.

## L'importance du « libre arbitre »

La concordance entre les décisions que l'on prend et leurs effets n'est véritablement possible que dans la mesure où les décisions sont prises dans un contexte (ou avec une impression…) de libre arbitre. Illustrons cela : imaginons que ce voyage aux Baléares ait été exclusivement décidé par votre conjoint et que vous n'ayez pas vraiment eu votre mot à dire. Vous y allez même plutôt à reculons. Quelles seront les conséquences de cette décision « forcée » ? Vous risquez, cette fois-ci, de capter toutes les informations qui renforcent votre opinion négative : un de vos amis a trouvé ce séjour inintéressant ou est tombé malade, le temps n'est pas sûr à cette période de l'année, les prix ont augmenté de façon éhontée… Bref, vous ferez de la résistance. Et nul doute qu'une fois là-bas, vous serez plutôt maussade, ce qui vous permettra, une fois à la maison, de bien dire à tout le monde que « *ces vacances étaient pourries, comme je m'y attendais* ».

Quant au rapport avec la manipulation, il est primordial, pour la personne qui vous manipule, de vous laisser l'illusion que vous avez pris telle ou telle décision librement et en toute connaissance de cause… car il sera ensuite beaucoup plus difficile de renoncer à vos engagements…

## L'importance du coût de la décision

Toute décision (et donc tout engagement) a un certain coût, qu'il soit temporel, financier, psychologique ou relationnel. Plus ce coût est important, plus l'engagement est important et plus la décision prise prend d'importance : c'est forcément la bonne, puisqu'on y a consacré beaucoup d'efforts. Écoutons, par exemple, Cédric :

« *Au moment de faire mes études, j'ai eu le choix entre deux écoles : une école publique et donc gratuite et une école avec des frais de scolarité assez élevés. J'ai pris celle qui me coûtait le plus cher, parce que je savais que là, je me sentirais obligé de travailler pour avoir mon diplôme…* »

## À savoir : les secrets du piège abscons

Notre recherche obsessionnelle de cohérence nous amène parfois à persister dans des comportements qui, vus de l'extérieur, semblent incompréhensibles, voire destructeurs. Pourquoi une personne s'échine-t-elle à réparer son épave de voiture, alors qu'elle pourrait s'acheter une voiture en bon état ? Pourquoi une personne continue-t-elle à miser sur un mauvais cheval, alors que ce cheval ne gagne jamais aucune course ? Ou encore, pourquoi certaines personnes continuent-elles à vivre ensemble, alors que plus aucun sentiment amoureux ne les unit ? Il y a plusieurs raisons à tout cela, toutes plus « objectives » les unes que les autres : on a un crédit sur le dos, les enfants vivraient mal le divorce, on a peur de la solitude, il y a toujours un moyen pour faire revivre la flamme d'antan, etc.

Mais il y a aussi une raison moins avouable : on ne veut parfois pas reconnaître que l'on s'est trompé, que l'on a fait une erreur... Cela explique quelquefois certains dysfonctionnements dans les entreprises ou dans les couples : le coût de la décision initiale augmente petit à petit et plus ce coût augmente, plus il devient difficile de changer d'avis, car cela signifierait que tout ce qui a été fait auparavant a été fait « pour rien », ce qui serait vécu comme insupportable. Car cela impliquerait que l'on s'est trompé non seulement sur la décision initiale, mais aussi et surtout sur toutes les décisions suivantes et que le raisonnement que l'on avait durement échafaudé pour se persuader qu'il fallait bien agir ainsi était boiteux...

## À retenir

### ➢ Notre personnalité, nos opinions et nos actes font, en général, preuve d'une bonne cohérence

Cette cohérence est nécessaire pour pouvoir vivre en bonne intelligence avec les autres. C'est d'ailleurs une qualité valorisée par nos sociétés, car elle implique aussi persévérance, assiduité et esprit logique.

### ➢ Aller au bout de ce que l'on a commencé

En effet, notre besoin de cohérence nous pousse à faire ce que l'on a dit, ou à continuer ce que l'on a entamé. D'ailleurs, nous trouvons, en général, de très bonnes raisons pour agir ainsi, la première étant : « *Maintenant que j'ai commencé, ce serait idiot que je m'arrête en si bon chemin…* », ce qui est vrai même quand la décision de départ n'est pas forcément la bonne.

### ➢ Engagement fort ou faible

Nous ne nous engageons pas de la même façon sur tous nos choix. En effet, plus le premier pas coûte cher (en énergie, en temps, en argent…), plus nous persévérerons par la suite, pour ne pas « gâcher » les efforts déjà investis. Surtout si nous avons choisi « librement » de le faire…

# Domination, soumission et manipulation

*« Les hommes sont de petits garçons obéissants. Ils vivent comme on leur a appris à vivre. »*

Christian Bobin

## Un peu de théorie

### Domination et soumission, un « must » des relations humaines

De tout temps, les sociétés organisées ont créé des structures hiérarchiques. Évidemment, il y a des sociétés plus hiérarchisées que d'autres. Mais il semble bien que tout groupement humain organisé (et cela est aussi vrai dans le règne animal) a besoin de se créer une figure d'autorité.

D'ailleurs, il est intéressant de noter que la grande majorité des cultures valorisent la soumission. Nous avons été habitués, depuis notre enfance, à écouter et à obéir, et les figures d'autorité qui traversent et marquent nos existences sont nombreuses : on obéit à ses parents, puis à sa maîtresse, à ses professeurs, à la police, aux impôts, au patron…

Nous avons donc intégré le postulat qu'il faut respecter l'autorité, parce qu'elle est nécessaire. Nous en donnons la preuve tous les jours : elle guide la plupart de nos actions quotidiennes. En voiture, par exemple, nous avançons quand le feu est vert, nous ralentissons quand nous savons qu'il y a un radar à cet endroit de la route. Toute figure (ou tout symbole) d'autorité nous renvoie en quelque sorte à une position d'enfant obéissant (ou désobéissant, d'ailleurs, dans certains cas)… et annihile en quelque sorte notre sens critique : nous faisons tous des choses qui nous déplaisent mais qu'il est « obligatoire » de faire : payer ses impôts, par exemple !

Mais même en dehors des règles consensuelles (fiscales ou autres...), nous avons tendance à écouter aveuglément ceux qui, d'une façon ou d'une autre, semblent posséder un savoir (ou un pouvoir) supérieur au nôtre. Cette « supériorité » peut être due au statut, au charisme, au titre, à l'expérience... Nous agissons ainsi parce que cette position est confortable dans la plupart des cas : nous ne prenons pas de décisions, d'autres les prennent pour nous, ce qui, du même coup, nous enlève la responsabilité de ce que nous faisons. Et nous agissons ainsi en toute bonne foi.
Cette façon de fonctionner est évidemment pratique quand on veut manipuler autrui. Car il n'est rien de plus facile que de s'octroyer certains symboles d'autorité pour obtenir des autres ce que l'on souhaite.

## Le mariage complexe de la domination et de la manipulation

Domination et manipulation sont donc liées, en raison de la grande facilité à manipuler autrui quand on détient une certaine autorité, que celle-ci soit fallacieuse ou véridique, officieuse ou officielle. Cependant, on pourrait se poser la question suivante : pourquoi les personnes ayant un pouvoir sur les autres utiliseraient-elles la manipulation pour obtenir ce qu'elles veulent, quand il leur serait si facile de l'exiger, purement et simplement ? Nous mettrons en exergue deux raisons principales qui peuvent expliquer ce paradoxe.

## Pouvoir officiel et officieux

La domination sans manipulation suppose que les liens entre supérieur et subordonné soient clairs et que la domination soit sans équivoque... Dans la réalité, c'est finalement rarement le cas. Par exemple, dans une entreprise, une personne ayant un statut hiérarchique plus élevé qu'une autre peut, en réalité, être en position de faiblesse, si le subordonné a un certain « pouvoir » plus officieux.

Écoutons Michel, manager dans le bâtiment :
*« Je suis conducteur de travaux. Les gars doivent donc m'obéir quand je leur donne des directives, puisque je suis leur supérieur hiérarchique. Mais ce n'est pas si simple que ça ! J'ai notamment un gars, un maçon, qui est là depuis longtemps dans la boîte et qui est délégué du personnel. Il a beaucoup d'ascendant sur les autres et je dois faire très attention à ce que je lui dis, car il peut provoquer une véritable mutinerie si je suis trop directif. Alors, je suis obligé de prendre des gants. Je préfère faire cela plutôt que rentrer dans le rapport de force direct. En plus, je ne veux pas dire, mais il fait bien 20 kg de plus que moi ! »*

## La domination et ses conséquences

La seconde raison qui confirme bien que domination et manipulation sont liées est la suivante : la domination (et donc la soumission) pure et simple est très difficile à obtenir, surtout dans les conditions actuelles. Notre société contemporaine (et occidentale) exalte les valeurs d'autonomie, de libre arbitre, d'indépendance... Nous voulons contrôler notre destin, nos actes et nous nous « rebellons » contre tout ce qui peut apparaître comme tyrannique ou arbitraire. Le despotisme ne serait donc pas dans ces conditions la solution la plus productive et efficace pour obtenir ce que l'on veut. L'autorité est un outil et une aide précieuse, mais elle ne suffit pas toujours. La domination pure, celle qui ne fait aucun cas des personnes soumises, entraîne quasi invariablement la rébellion.
Cette rébellion peut être active et entraîner des conflits ouverts, mais elle peut aussi être plus larvée et favoriser des comportements dits passifs-agressifs : la personne soi-disant soumise traîne des pieds, fait la tête, « oublie » des directives, ne fait que le strict minimum, etc. Bref, la domination, dans ces cas-là, ne produit rien de bien pérenne et ne fait finalement que mettre en exergue une relation perdant, perdant, que cette relation soit professionnelle, amoureuse ou amicale.

## À savoir : quand l'autorité nous ôte notre bon sens…

Comme nous le soulignions plus haut, il arrive que notre sens critique soit comme annihilé lorsque nous nous trouvons en position de soumission. Et plus encore que notre sens critique, nos valeurs morales ou éthiques peuvent aussi faire les frais d'un excès de soumission…

Les expériences maintenant célèbres du professeur Milgram ont confirmé cette hypothèse de façon radicale… et effrayante. Imaginons que l'on vous demande, au nom de la science, d'interroger une personne volontaire pour des tests de mémorisation. Mais à chaque mauvaise réponse, le scientifique à vos côtés vous demande d'envoyer une décharge électrique à la personne interrogée. Au début, les décharges sont juste désagréables, mais au fur et à mesure que les mauvaises réponses s'enchaînent, les décharges deviennent de plus en fortes, jusqu'à devenir potentiellement mortelles… Vous entendez le pauvre crier, hurler, supplier… puis s'évanouir… mort peut-être…

Le feriez-vous ? Évidemment, comme une grande majorité de la population (hors psychopathes notoires !), vous répondriez que non, bien sûr que non ! Et pourtant, quand cette expérience fut faite, plus de 60 % des personnes testées continuèrent le test jusqu'à envoyer une décharge dite mortelle (heureusement, un comédien jouait le rôle de la personne torturée)… simplement parce qu'une figure d'autorité leur avait demandé de le faire et qu'elles se sentaient donc déchargées de la responsabilité d'avoir, peut-être, tué un homme… Quelle expérience intéressante pour les manipulateurs !

## À retenir

### ➢ Les rapports de force sont inhérents à notre condition d'être humain

L'être humain n'est ni désintéressé ni pacifique. Pour preuve, les multiples conflits qui ont ensanglanté et ensanglantent encore notre planète. Les rapports dominants-dominés sont naturels chez l'homme.

### ➢ La soumission naturelle à l'autorité

De par notre éducation, nous avons naturellement tendance à respecter ceux qui nous semblent avoir une autorité supérieure à la nôtre et à leur obéir, que cette autorité soit officielle, officieuse, réelle ou usurpée d'ailleurs.

### ➢ Manipuler au lieu de dominer

Mais il existe des situations où il est impossible d'avoir une position véritablement dominante, car cela implique souvent une dégradation des relations sociales, voire une rébellion à plus ou moins long terme des personnes « soumises ». Manipuler les autres est souvent bien plus économique en énergie et en temps qu'essayer de dominer de façon arbitraire.

# Le principe de réciprocité

*« Ne fais point aux autres*
*ce que tu ne voudrais point qu'on te fasse. »*

**Proverbe français**

## Un peu de théorie

### L'utilité du principe de réciprocité

Le principe de réciprocité est encore un des comportements automatiques que l'être humain a mis en place afin de pouvoir vivre en société de façon harmonieuse. Comme nous l'avons vu précédemment, l'homme crée et transmet à sa progéniture certains automatismes : ainsi, tout le monde respectant les mêmes règles, la vie en communauté devient plus simple. De plus, cela permet de ne pas avoir à analyser sans cesse son environnement, car réfléchir sur chaque stimulus ou sur chaque action aurait un coût énorme au niveau psychologique.

Le principe de réciprocité est donc une des bases de notre vie en communauté. Il s'articule autour d'un précepte très simple : si tu fais quelque chose pour moi, je ferai quelque chose pour toi, si tu me rends service, je te rendrai service. La réciprocité encourage donc l'échange d'avantages entre deux personnes, deux entités ou deux groupes de personnes. C'est un peu la version positive de la loi du talion : « *Œil pour œil, dent pour dent* ».

Cette règle a été créée afin d'encourager les relations d'interdépendance entre les hommes, pour qu'ils partagent leurs ressources et produisent ensemble plus qu'ils n'auraient produit séparément. Cette règle se base sur la confiance en l'autre et sur sa capacité à s'engager dans une relation d'entraide mutuelle.

## La force de ce principe de réciprocité

Cette règle est tellement ancrée en chacun de nous qu'il est très difficile de s'en affranchir. D'abord, au niveau interne, la réciprocité provoque chez nous un sentiment d'obligation assez désagréable (ne devenons-nous pas « les obligés » de quelqu'un qui nous a rendu service ?). Ce sentiment nous contraint, bon an mal an, à nous acquitter de notre dette. Il n'est jamais confortable de se sentir redevable envers quelqu'un, même et surtout si on n'aime pas particulièrement cette personne. La pression peut être plus ou moins forte selon notre propension personnelle à toujours rendre la pareille aux gens qui nous ont aidés. Il est évident que certaines personnes sont plus enclines à fonctionner de cette façon que d'autres.

Ensuite, la force de ce principe vient du fait qu'il est quasiment impossible de refuser un cadeau, un service ou un avantage, comme il est quasiment impossible de ne pas le rendre : « *Cela ne se fait pas* ». Combien d'entre nous ont déjà accepté un cadeau venant d'une vieille tante ou d'une bonne grand-mère, le sourire crispé et avec déjà dans la tête : « *Mon dieu, qu'est-ce que je vais en faire ?* » La pression sociale est telle qu'il est très difficile de refuser ces « cadeaux empoisonnés ». C'est la même pression sociale qui nous oblige ensuite à offrir en échange un autre cadeau. Même si entre-temps nous avons revendu sur eBay les charentaises ou les napperons en dentelle gracieusement offerts... La société, en effet, ne pardonne pas à ceux qui n'honorent pas leurs dettes : elle les traite de parias, de profiteurs, d'ingrats, voire de traîtres.

## Les failles du système

Évidemment, comme tout comportement automatique, celui-ci fonctionne dans 90 % des cas, ce qui laisse 10 % de marge de manœuvre pour les manipulateurs de tout poil. Car il y a plusieurs façons d'exploiter ce principe à des fins de manipulation.

## Quand on se sent obligé d'accepter...

Il est facile de manipuler autrui avec ce principe car finalement, les règles sociales sont du côté du manipulateur. Écoutons plutôt Marc, qui ne sait que faire avec un voisin un peu trop envahissant :

« *Ma femme et moi avons emménagé il y a quelques mois dans un petit pavillon de banlieue. Nous avons un voisin, un certain Christian, qui s'est présenté quand nous avons emménagé avec une panière de fruits. Agréablement surprise, ma femme l'a invité pour dîner. Il s'est avéré que c'était une vraie catastrophe ! Il ne nous a pas lâchés jusqu'à ce qu'on arrive à trouver une excuse pour qu'il s'en aille : visiblement, il se sentait seul et avait besoin d'oreilles pour l'écouter... Depuis, il n'arrête pas de passer chez nous pour nous amener des fruits de son jardin par exemple, ou pour nous inviter chez lui. Nous avons réussi à refuser à chaque fois mais je suis très embêté car il va bien falloir, à un moment donné, accepter l'invitation...* »

Ainsi, avec un peu de persévérance, il est possible d'amener les autres à faire ce que l'on souhaite, parfois en les inondant d'attentions ou de cadeaux... car il est difficile de les refuser sans provoquer un conflit. C'est ce que l'on appelle communément une dette forcée.

## Quand le service demandé en échange est plus coûteux que le service rendu au départ

En effet, il est facile pour quelqu'un de rendre un service à autrui pour provoquer ce sentiment d'obligation inhérent au principe de réciprocité. Ce sentiment peut se révéler tellement inconfortable que la personne débitrice peut alors accepter de rendre un service beaucoup plus coûteux pour s'en acquitter.

## À savoir : réciprocité, religion et morale

Du statut de règle universelle permettant simplement la vie en communauté, le principe de réciprocité est devenu une loi morale et éthique. On pourrait presque dire que ce principe est la base de ce que l'on appelle maintenant les droits de l'homme, de par son côté universel. La réciprocité entraîne, du fait de sa nature même, des idées d'équité, de compassion, de justice. Elle s'exprime aussi via l'empathie : car il faut parfois se mettre à la place de l'autre pour ne pas le traiter comme nous ne voudrions pas être traités à sa place…

Ce principe de réciprocité est tellement ancré dans nos civilisations que la plupart des grandes religions ont repris ce thème dans leurs lois et préceptes, ce qui leur a donné d'autant plus de force. Ainsi, la réciprocité apparaît comme une loi fondamentale dans les trois religions monothéistes importantes en Occident : le christianisme, l'islam et le judaïsme. Elle apparaît dans la Torah et dans la Bible dans des phrases comme : « *Tu aimeras ton prochain comme toi-même.* »

Mahomet lui-même disait : « *Aucun d'entre vous ne croit vraiment tant qu'il n'aime pas pour son frère ce qu'il aime pour lui-même.* »

Même les religions orientales, comme le confucianisme, l'hindouisme et le bouddhisme, exaltent cette valeur d'échange, d'entraide et d'empathie, bref de tolérance. Tolérance qui est parfois et malheureusement restée de pure forme.

## À retenir

### ➢ Le principe de réciprocité : un fondement de notre vie sociale

Chaque jour, nous respectons cette loi, afin de vivre harmonieusement avec les autres. La réciprocité implique confiance, respect et entraide, concepts sans lesquels nos sociétés n'auraient pu voir le jour. Elle peut s'exprimer en une phrase : « *Il faut s'efforcer de payer en retour les avantages reçus d'autrui* » et s'applique dans toutes les relations que nous avons avec autrui.

### ➢ Il est difficile de s'affranchir de ce principe

En effet, les pressions internes (psychologiques) et externes (sociales) sont très fortes, afin que tout le monde respecte cette règle, qui est devenue au fil du temps un principe moral. Il est donc difficile de refuser un avantage, un cadeau ou un service, et plus encore de ne pas rendre la pareille.

### ➢ Un manipulateur peut l'utiliser à des fins personnelles

Quoi de plus facile, en effet, que de rendre l'autre débiteur en lui rendant un service qu'il n'a peut-être jamais demandé, à seule fin de pouvoir, au moment opportun, lui demander une aide qu'il lui sera très difficile de refuser, même si le coût de ce service est finalement bien supérieur au service initial ? La peur du conflit est, dans cette situation, bien utile au manipulateur.

# Estime de soi et manipulation

*« Il existe des personnes plus fragiles que d'autres face à la manipulation… »*

## Un peu de théorie

### Manipulateurs et manipulés

Quand on parle de manipulation, on a d'un côté les manipulateurs, que l'on imagine comme des méchants dignes de figurer dans un film de James Bond et d'un autre côté, les victimes manipulées, trompées, flouées.

Il est pratique de voir le monde d'une façon aussi manichéenne, car cela empêche de se poser la question suivante : pourquoi certaines personnes se font-elles plus facilement manipuler que d'autres ? Sont-elles plus faibles ? Plus stupides ? Évidemment, il est difficile de dire *oui* à cette question, dans la mesure où tous autant que nous sommes nous pouvons nous faire manipuler et que nous ne nous considérons pas faibles ou stupides pour autant. Cependant, on ne peut s'empêcher de penser quelquefois que les personnes manipulées sur du long terme (par exemple, les victimes de harcèlement moral) pourraient, si elles le voulaient vraiment, stopper la manipulation.

Il est difficile de préciser de façon formelle quels sont les facteurs personnels qui encouragent la manipulation. Nous pouvons cependant émettre certaines hypothèses.

Nous nous pencherons d'abord, pour répondre à cette question, sur un aspect bien précis de la personnalité de chacun : l'estime de soi. Qu'est-ce que l'estime de soi et comment l'estime peut-elle favoriser ou non la manipulation ?

## L'estime de soi

L'estime de soi est la façon dont chacun se voit. Elle a plusieurs facettes : c'est à la fois l'amour que l'on se porte, la confiance que l'on a en soi et la vision que l'on a de soi dans le futur. L'estime de soi est la cause de beaucoup de nos comportements et fait partie intégrante de notre personnalité. Elle est déterminée par notre enfance, notre famille, notre passé et peut se modifier avec le temps et les épreuves réussies, les échecs et les personnes que l'on rencontre. C'est un jugement sur soi, qui dépend de ses propres actions, mais aussi du jugement des autres sur nous-mêmes.

Une personne ayant une bonne estime de soi est à la fois quelqu'un qui connaît ses défauts et ses limites, mais aussi ses qualités et ses possibilités. Une bonne estime de soi aide à se relever après un échec, mais aussi à s'affirmer face aux autres. Elle nous guide dans nos projets de vie, dans nos désirs et augmente notre capacité à mettre en place les moyens pour atteindre nos buts. Une bonne estime de soi nous aide aussi à déterminer si les personnes de notre entourage sont bénéfiques ou, au contraire, destructrices pour notre propre existence.

## Le lien entre manipulation et estime de soi

Il est évident qu'une personne souffrant d'une mauvaise estime de soi aura moins d'armes pour combattre un individu manipulateur. Pour quelles raisons ?

### Le besoin d'être aimé, la peur de se faire abandonner

Il est facile de manipuler une personne ayant une mauvaise estime de soi, car son besoin de reconnaissance et d'amour est immense. Il suffit donc de répondre, même superficiellement ou temporairement, à ce besoin de valorisation pour avoir une emprise suffisante sur elle. Croyant en son for intérieur qu'elle est inintéressante, elle ne peut qu'être agréablement surprise quand quelqu'un fait attention à elle, même si cela se fera, dans le futur, à ses dépens.

Écoutons Clément, victime d'une « manipulatrice » :

« *J'ai toujours été assez effacé, me cantonnant aux seconds rôles dans tous les groupes où je me trouvais. Alors, quand j'ai rencontré Armelle, j'ai halluciné. Elle qui semblait si flamboyante, extravertie, bref, si différente de moi, je n'en ai pas cru mes oreilles quand elle m'a proposé d'aller boire un verre avec elle... J'y suis allé, mais je ne pensais vraiment pas que je pouvais l'intéresser. Et à ma grande surprise, nous sommes sortis ensemble le soir même ! J'étais sur un nuage ! Je me voyais déjà marié, avec des enfants, c'était la femme de ma vie. Et puis, deux semaines après, elle a rompu, en ne me donnant aucune explication. J'ai appris plus tard, par des connaissances communes, qu'elle avait fait cela pour rendre son mec jaloux... J'ai eu de la chance qu'il ne vienne pas me casser la g...* »

**Le doute**

Une personne ayant une mauvaise estime de soi doute de beaucoup de choses et surtout d'elle-même. Son jugement sur elle et les autres est souvent obscurci par un sentiment d'infériorité ou de culpabilité. Elle pense ainsi très souvent que les autres sont meilleurs juges qu'elle-même et a donc tendance à se remettre à l'opinion des autres, au détriment de la sienne. Elle est donc la victime toute trouvée d'une personnalité plus forte, qui peut alors lui dire que faire de sa vie...

**La prédominance du regard des autres**

Une personne à basse estime de soi est souvent plus fragile qu'une autre, car elle se réfère très souvent à ce que les autres pensent d'elle. L'image qu'elle se fait d'elle passe obligatoirement par ce prisme déformant qu'est le regard des autres. Elle est constamment à la recherche de l'approbation de ses pairs, de ses collègues, de ses amis, de sa famille... Bref, pour quelqu'un d'attentif, elle reste très facile à manipuler.

## À savoir : les effets de la manipulation sur l'estime de soi

L'estime de soi, comme nous l'avons dit, est un processus psychologique qui évolue au gré du temps et des expériences. Un individu peut très bien restaurer son estime de soi en réussissant brillamment sa vie, comme il peut perdre toute confiance en lui-même et les autres après un échec cuisant.

Cependant, l'estime de soi est souvent enfermée dans un cercle, vicieux ou vertueux. L'estime de soi est un cercle vertueux quand elle donne de la force et de la conviction pour réussir, car la réussite renforce encore plus l'estime que l'on a de soi. Plus on réussit, plus on s'aime et plus on a de chances de réussir encore dans le futur.

Mais l'estime de soi peut aussi être un cercle vicieux, dans la mesure où elle prédispose certaines personnes à marcher vers leur propre malheur. Ainsi, une personne qui se sent inférieure aux autres aura plus de mal à s'imaginer réussir et doutera de sa propre compétence. Elle s'engagera donc avec réticence dans des projets, partira avec des a priori négatifs et pourra même saboter ses propres chances. De même, une personne à faible estime de soi cherchera la plupart du temps à se rapprocher des personnes qui lui confirment qu'elle est bien inférieure aux autres. Cette extraordinaire « automanipulation » est la conséquence de notre besoin de cohérence. C'est notre propension à rechercher les personnes qui nous voient de la même façon que nous nous voyons nous-mêmes… Une personne qui se fait manipuler et qui en souffre, si elle a une mauvaise estime d'elle-même, peut donc très bien se dire qu'elle le mérite et qu'elle ne devrait pas espérer mieux… Et le manipulateur a tout intérêt à laisser sa victime dans cet état d'esprit.

## À retenir

### ➢ Une bonne estime de soi est une arme efficace contre ceux qui veulent nous manipuler

En effet, avoir une bonne estime de soi, c'est oser s'affirmer face aux autres, oser dire ses opinions, ou oser dire non. Une bonne estime de soi est également utile pour savoir qui l'on est, ce que l'on souhaite pour soi et surtout, ce que l'on ne souhaite pas.

### ➢ Les effets d'une mauvaise estime de soi

Les personnes souffrant d'une mauvaise estime d'eux-mêmes peuvent, sans le vouloir, devenir des cibles toutes désignées pour les manipulateurs. En effet, une mauvaise estime de soi provoque notamment chez la personne qui en souffre des doutes permanents sur sa valeur et un surinvestissement du regard de l'autre. De plus, elle sera plus sensible aux tentatives de séduction.

# Incertitude, peur et manipulation

*« Une solution qui vous démolit vaut mieux que n'importe quelle incertitude. »*

**Boris Vian**

## Un peu de théorie

### L'incertitude : un facteur à ne pas négliger

Il existe des situations dans lesquelles la manipulation est plus efficace que dans d'autres. Des situations où nos facultés de réflexion et de clairvoyance sont moins aiguisées, où nous sommes prêts à accepter tout et n'importe quoi, où nous sommes, en un mot, plus fragiles. Il s'agit des situations d'incertitude.

En effet, l'incertitude est souvent le premier pas vers la peur et la peur est une puissante alliée pour qui veut manipuler autrui. Évidemment, nous ne parlons pas de la peur qui se manifeste quand on a un revolver pointé sur sa tempe (là, ce n'est plus de la manipulation mais de l'intimidation, voire de la franche menace…), mais celle qui est plus insidieuse, plus obsédante : la peur d'être licencié, ou celle encore de se retrouver seul, par exemple. Car nous ne raisonnons plus de la même façon quand nous sommes confrontés à ce genre de situations et il est alors facile, pour quelqu'un de mal intentionné, d'en profiter à son compte.

### La rançon de la peur

L'inconnu, ce que l'on n'arrive pas à imaginer, toucher, contrôler, engendre un sentiment d'angoisse, d'anxiété, bref de peur. Et la peur a ceci de particulier qu'elle fait appel à des leviers inconscients très puissants, qui vont dicter nos comportements de façon très caractéristique.

En effet, la peur paralyse la plupart des processus logiques et créatifs de notre cerveau et nous renvoie à l'utilisation de comportements

automatiques et « primaires » : la fuite, l'attaque, la soumission… De plus, une personne apeurée n'aura qu'une idée en tête, qui primera sur toutes les autres, se rassurer, quel qu'en soit le prix… La manipulation devient alors très simple et elle peut jouer sur deux tableaux. Premièrement, le manipulateur peut créer un sentiment d'angoisse chez sa victime, parce qu'il sait qu'elle va réagir d'une certaine façon (qu'il aura prévue) et ainsi, répondre à ses attentes. Écoutons par exemple Danielle, qui vient de divorcer de son mari :
« *Pendant les vingt ans où je suis restée mariée avec Michel, il n'y a pas eu un moment où je n'avais pas peur de le perdre. Michel a beaucoup de charme, c'est un très bel homme et il plaît beaucoup aux femmes. Et lui-même est un vrai coureur de jupons, même si je n'ai jamais voulu me l'avouer. Je n'ai jamais eu la preuve qu'il me trompait, mais je l'ai toujours vu entouré de très jolies femmes… Jusqu'ici, je n'avais jamais compris pourquoi il s'était marié avec moi, alors qu'il pouvait avoir toutes les femmes qu'il voulait. Maintenant, je le sais : comme j'avais peur qu'il me quitte (et il ne se privait pas d'en faire miroiter l'éventualité) et que je ne voulais pas me retrouver seule avec nos deux enfants, je fermais les yeux sur beaucoup de choses, tout en jouant la parfaite femme au foyer. Lui avait tout gagné : une femme docile et une mère dévouée pour ses enfants, et la tranquillité en dehors de la maison…* »
Deuxièmement, le manipulateur peut créer une situation angoissante pour sa victime, pour ensuite se révéler comme le « sauveur », afin d'avoir une meilleure emprise sur sa cible reconnaissante. Il suffit alors d'apporter à la personne en plein désarroi un peu de réassurance et de réconfort pour qu'elle soit malléable à loisir… le manipulateur peut alors proposer quelque chose (une « solution miracle ») que sa victime n'aurait peut-être pas accepté en temps normal… La plupart des entreprises qui vendent des alarmes ou des assurances jouent sur ce principe : elles font peur à leurs clients potentiels, en jouant sur certaines cordes sensibles (« *Et si votre femme ou votre enfant se faisait attaquer dans votre propre maison ?* »),

pour ensuite leur proposer un système d'alarme complet pour la modique somme de...

## Faire comme on nous le demande...

Quand nous sommes momentanément incertains de nos choix ou de nos positions, nous avons très souvent tendance à nous référer aux autres et ce, pour une bonne raison, que nous avons abordée au chapitre 2 : notre besoin de faire comme les autres. Nous calquons alors notre attitude en fonction de celle du plus grand nombre car nous pensons, souvent à juste titre, que c'est la bonne attitude. Et de fait, cela nous sert la plupart du temps. Rappelez-vous Benjamin, qui, en position vulnérable (il est nouveau dans son entreprise), s'en sort plutôt bien en imitant le groupe, qui ainsi l'adopte facilement. Mais outre le groupe, il est possible aussi de nous rassurer en imitant ou en suivant les conseils d'une personne qui nous paraît particulièrement intelligente ou compétente pour nous aider. Mais cette personne peut très bien, alors, profiter de notre faiblesse et donner de mauvais conseils de façon consciente, pour arriver à ses fins (l'éviction d'un rival potentiel par exemple, que ce soit en amour ou au travail...). Écoutons plutôt Jocelyn :

« *Quand je suis arrivé dans ma nouvelle boîte, j'étais hyper angoissé parce que pas sûr de moi. Malheureusement, j'ai rencontré Philippe, qui voulait mon poste et qui me détestait pour le lui avoir "piqué". Mais cela, je ne l'ai su qu'après... Il a d'abord pourri ma vie en profitant de ma faiblesse (alors que je pensais qu'il était un ami) et en me donnant de mauvais conseils... Mon boss a vite fait de me prendre en grippe et de me virer avant la fin de ma période d'essai. Ma seule consolation est qu'ils n'ont pas embauché Philippe à ma place...* »

## À savoir : quand la peur s'invite dans la politique

Évidemment, les mécanismes que nous avons décrits dans la première partie sont largement connus par les professionnels de la manipulation et de l'influence : la peur, le doute, l'inquiétude de chacun de nous sont largement utilisés pour nous manipuler.

D'ailleurs, la prestigieuse revue *Science* a publié en 2008 les résultats d'une étude très sérieuse, montrant que nos inclinaisons politiques seraient, en partie, conditionnées par notre propension à avoir peur... Il est alors facile d'imaginer certains hommes politiques profiter de ce sentiment naturel chez l'homme pour se faire élire (en s'appuyant sur la peur du chômage, de l'étranger, de la violence, de se faire envahir...). Créer un climat d'insécurité et de peur, avec des médias coopératifs, est facile... pour ensuite se positionner comme le héros qui vaincra ceux qui effraient les foules. Nombre d'élections se sont déroulées ainsi et nous ne sommes pas à l'abri d'autres votes du même genre.

N'oublions pas que les plus grandes dystopies (le contraire d'utopie) se basent sur l'exploitation de la peur du peuple... Car la peur peut également être utile à ceux qui veulent restreindre certaines libertés, avec de mauvaises ou même de bonnes intentions d'ailleurs : il suffit de regarder le nombre croissant de contrôles en tout genre et de mesures restrictives prises par la plupart des gouvernements pour combattre le terrorisme.

## À retenir

### ➢ Les situations d'incertitude sont les plus propices à la manipulation

En effet, l'incertitude génère souvent des sentiments de peur, qui est une émotion tellement forte qu'elle inhibe la faculté de réfléchir correctement. Situation facilement utilisable pour qui veut manipuler autrui.

### ➢ Provoquer et utiliser nos comportements automatiques

La peur a ainsi l'inconvénient de nous faire agir de façon stéréotypée, en privilégiant le confort (ou la survie) : on se soumet ainsi plus facilement, ou on prend certaines décisions que l'on n'aurait pas prises en temps ordinaire et qui peuvent être provoquées par une autre personne, de façon consciente.

# L'illusion du libre arbitre

*« Le libre arbitre des hommes consiste à choisir la femme qui décidera à leur place. »*

Bernard Werber

## Un peu de théorie

### La liberté, un concept bien relatif

Pour se sentir digne, respectable et bien « humain », bref, pour se sentir « bien dans sa peau », l'homme a besoin de sentir qu'il contrôle sa vie. Contrôler sa vie, c'est prendre ses décisions soi-même, sans être contraint par des forces extérieures, ce qui est bien évidemment le contraire de la manipulation. Mais est-on vraiment libre ? L'homme peut-il vraiment avoir un contrôle complet de sa destinée ? Des philosophes s'écharpent depuis des siècles pour définir ce terme et nous n'avons pas la fatuité de répondre à cette question.

Mais nous pouvons quand même dire certaines choses. Quels sont les facteurs limitant notre libre arbitre ? Ils sont nombreux, n'en déplaise aux épris de liberté. Notre corps est premièrement notre principale prison : car nos cinq sens limitent déjà nos capacités. Un individu aveugle aura certainement une liberté bien différente qu'un individu voyant. Deuxièmement, notre capital génétique nous apporte, certes, des capacités immenses, mais différentes selon les personnes, avec parfois même des failles non négligeables. Troisièmement, notre vécu, nos relations et notre histoire, avec ce que cela comporte de traumatismes, de souvenirs, de souhaits et de frustrations, limitent encore notre espace de liberté et forgent notre personnalité, avec ses défauts et ses qualités. Enfin, chaque situation dans laquelle on se trouve limite notre liberté d'agir et nous pousse à adopter certains comportements.

Ce sentiment de liberté serait donc une sorte de compensation que l'être humain a trouvée pour contrebalancer toutes les contraintes physiques, relationnelles, familiales, sociales et situationnelles dont il dépend et qui limitent ses actes et ses pensées. La liberté est cette mince marge de manœuvre qui est laissée à l'homme et c'est justement parce qu'il n'en a pas beaucoup qu'elle lui est chère.

## Liberté, engagement, manipulation

Le propre d'une bonne manipulation est donc de laisser le maximum de sentiment de liberté à la personne manipulée. En effet, lui laisser un sentiment de libre choix, c'est la manipuler deux fois : non seulement vous lui faites faire ce qu'elle n'aurait jamais fait en temps normal spontanément, mais en plus, elle pense qu'elle l'a fait elle-même « de son propre gré ». La partie est alors gagnée, votre impunité aussi, puisqu'elle pense en être la seule (ou du moins la première) responsable.

En effet, la liberté est la base de ce que l'on appelle le besoin de cohérence et d'engagement. Amené à entamer une action, un individu se sent obligé de la continuer, même si cela ne lui est absolument pas imposé, pour respecter ce besoin de cohérence interne, même si parfois, des contraintes externes l'y obligent aussi. Par exemple, dans le cas de certaines communautés comme les fameux « gangs » aux États-Unis, ceux qui veulent en faire partie doivent tuer une autre personne, ce meurtre faisant office de rite d'initiation. Ce « rituel » a un effet extrêmement puissant sur la personne qui doit s'y soumettre : l'individu ayant tué se voit alors comme un tueur et il lui est ainsi plus facile de recommencer à tuer, comme il lui est plus difficile de revenir en arrière (sans parler des conséquences judiciaires évidemment).

Cet effet d'engagement est d'autant plus important, si l'individu en question a le sentiment qu'il s'est engagé de lui-même et non contraint et forcé. De nombreuses techniques de manipulation, développées dans ce livre, sont issues de ce principe, qui nous aveugle et auquel il est difficile d'échapper. Il est amusant de noter que la liberté est une des notions conditionnant notre engagement, ces deux notions étant, dans leur définition, si éloignées l'une de l'autre.

## Soumission librement consentie

La soumission librement consentie consiste donc à faire quelque chose qui a un coût tellement important que nous ne l'aurions jamais fait spontanément, et cela même parfois sous la contrainte (ce qui est très proche de la manipulation, avouons-le). Pensez à la dernière fois où vous avez fait les magasins : il est sûr que certaines techniques de vente sont bien plus efficaces (conseils avisés, liberté de flâner entre les rayons, sourires et encouragements légers) que les bonnes vieilles techniques de coercition (un canon scié sur la tempe, par exemple… quoique !). Pour être plus sérieux, on n'agit jamais autant que quand on se sent libre de le faire. Et cette technique a un avantage : là où la force de l'obligation s'annule quand il n'y a plus de menaces ou de peur, la soumission librement consentie s'entretient d'elle-même, puisque la personne manipulée n'est pas consciente de sa soumission.
Certaines phrases, certains mots sont ainsi des techniques de manipulation, rien que dans le fait de les dire. Car votre cerveau, à les entendre, est trompé : le simple fait d'entendre qu'il « pourrait » éventuellement refuser le rassure et le fait plier à certaines volontés supérieures… Ainsi, lorsque quelqu'un vous dit : « *Tu sais, tu es libre de le faire, je ne voudrais pas t'y obliger* » ou encore : « *C'est à toi de décider, c'est ton choix* », pensez-y à deux fois avant de répondre.

## À savoir : le concept de réactance

Comme nous le disions précédemment, le sentiment de liberté et la sensation de pouvoir faire des choix personnels sont de puissants moteurs de motivation pour chacun de nous. Nous faisons plus volontiers ce que nous avons librement choisi de faire, plutôt que ce que l'on nous a imposé et nous persévérons parfois, même quand des obstacles se dressent sur notre chemin.

Ainsi, ce concept de réactance est un peu le revers de ce premier principe, il en est sa version négative. Il explique qu'une personne soumise à des tentatives de domination ou d'influence, qui s'en aperçoit et qui sent sa liberté menacée, risque de développer un comportement de résistance pour la recouvrer. Et plus vous tenterez de la forcer à faire ce que vous voulez, plus elle résistera et plus elle ira dans le sens inverse de ce que vous voulez lui faire faire. Nul besoin d'expliquer que d'ingénieuses personnes se débrouillent quelquefois pour demander une chose, mais veulent, en fait, tout le contraire. Tout l'art est alors de demander ce qu'elles ne veulent pas avec une telle insistance que l'autre fait tout le contraire... et tombe dans le panneau. Il faut savoir que la réactance repose sur trois facteurs, qui conditionnent l'intensité de la résistance. Premièrement, l'importance du comportement menacé : c'est la raison pour laquelle il ne vaut mieux pas, parfois, interdire complètement aux jeunes filles de sortir, sous peine de les voir faire le mur ! Deuxièmement, le nombre de comportements menacés. Et troisièmement, l'intensité de la menace : plus elle sera grande, plus la résistance risque d'être excessive, d'où la nécessité de bien l'adapter à la situation...

## À retenir

### ➢ Notre liberté est bien relative et c'est la raison pour laquelle elle est importante

En effet, notre liberté est limitée par nous-mêmes (notre façon de penser, notre corps et nos capacités) et par les autres (notre entourage, culture, etc.). Alors nous devenons très jaloux des quelques décisions qu'il nous reste à prendre « en toute conscience ». Notre (sentiment de) liberté reste notre motivation la plus puissante pour agir.

### ➢ Laisser l'illusion de la liberté…

Il est donc crucial, pour qu'une manipulation fonctionne, qu'elle laisse la personne manipulée dans l'illusion du libre arbitre. C'est d'ailleurs la base de la plupart des techniques de manipulation.

### ➢ … pour que l'homme se manipule lui-même

Ainsi, la personne manipulée agira de son plein gré (à défaut d'être consciente d'être manipulée) et aura ainsi l'impression d'être responsable de ses actes. Évidemment, c'est en général l'effet recherché par le manipulateur.

# Le pied dans la porte

*« Un premier pas en appelle souvent un deuxième... »*

## Un peu de théorie

### Une technique qui repose sur plusieurs principes fondamentaux

Le pied dans la porte est une technique de manipulation bien connue des commerciaux et autres professionnels de la persuasion, qui peuvent même établir de véritables procédures pour arriver à leurs fins.

Cette technique repose sur deux grands principes, déjà expliqués précédemment. Le premier, c'est le besoin de cohérence de chaque individu, qui engendre une certaine continuité dans nos actions, surtout si la première de ces actions correspond à l'image que l'on se fait de soi, ou même à l'image que les autres pourraient avoir de soi. Par exemple, imaginons que vous êtes connu dans votre entourage comme un adepte convaincu de la nourriture biologique et que vous le clamez à qui veut l'entendre. Il vous sera alors difficile, si on vous demande de manifester contre les OGM (et même si vous n'en avez pas forcément l'envie ou le temps), de refuser. Ce comportement pourrait être perçu par les autres comme une « désertion » et vous ne voudriez pas prendre le risque de paraître incohérent dans vos propos et opinions.

Le second principe utilisé par cette technique de persuasion est le sentiment de contrôle et de liberté. Nous avons déjà précisé que les techniques de manipulation fonctionnaient beaucoup mieux quand la personne manipulée pensait faire ses choix de plein gré, en ayant l'illusion de pouvoir refuser si besoin. En réalité, il y a beaucoup de situations où il est difficile de refuser une demande, de par une certaine pression sociale (« *Je vais le blesser si je refuse* » ou « *Qu'est-ce*

*que les gens vont penser de moi ?* »), hiérarchique (« *C'est mon boss quand même* »), ou même interne tout simplement (« *J'ai envie qu'il m'apprécie, donc je vais accepter* »). Mais tant que personne ne vous met le couteau sous la gorge, ou dans une moindre mesure, ne vous donne d'ordre, le doute subsiste et vous pensez pouvoir refuser.
Ce qui nous amène à une seconde caractéristique de ce principe, que nous avons déjà également évoquée : une personne ayant « librement » accepté d'agir d'une certaine façon se trouve dans un processus d'engagement plus important que si elle avait été forcée de le faire…

## La procédure du pied dans la porte

Elle est très simple et redoutablement efficace.

### Faire une première demande anodine

Cette première demande n'est évidemment qu'un prétexte pour établir le contact et ne sert qu'à préparer le terrain pour une seconde demande, qui est, elle, le véritable but du manipulateur. La caractéristique de cette première demande est qu'elle est tellement minime que l'on peut difficilement la refuser. Ce peut être demander l'heure, signer une pétition… le plus important dans cette demande est qu'elle entraîne un *oui*, qui vous prédispose de façon positive face au demandeur. C'est le premier pas de l'engagement « librement » consenti.

### Remercier tout en « étiquetant » son interlocuteur

Par exemple, le manipulateur peut très bien vous dire, si vous avez accepté de répondre à un sondage : « *Je vous remercie infiniment, j'aimerais croiser autant de personnes aussi gentilles que vous aujourd'hui !* » La personne qui a ainsi accepté de répondre au sondage se sent valorisée et heureuse d'avoir pu se sentir serviable.

### Faire une seconde demande plus importante

Cette seconde demande est bien sûr l'objectif visé dès le début. Pris au piège de son besoin de cohérence (on parle également de « congruence »), l'individu sollicité se retrouve contraint d'acquiescer de nouveau, sous peine de « décevoir » la personne qui l'a gratifiée d'une si grande qualité.

### Ce qui va renforcer l'effet de cette technique

L'effet est encore plus efficace si l'engagement est important dès le début : par exemple, si la demande est faite en public, la seconde requête a beaucoup plus de chances d'être acceptée. Même chose si vous connaissez la personne à qui vous faites la requête, même vaguement : votre voisin, un membre de votre famille, la caissière habituelle du supermarché, le facteur, un collègue... Le fait de connaître l'identité, l'adresse, bref le plus d'informations possible sur la personne manipulée est souvent primordial. Méfiez-vous donc quand on vous demande de signer une pétition et que l'on vous demande alors des informations personnelles, comme vos coordonnées. Vous serez plus enclin à accepter une requête ultérieure.

## Les différents emplois de cette technique

Cette technique consiste donc, si l'on généralise, à provoquer un certain comportement, en commençant par une ou plusieurs demandes faciles à satisfaire. Elle n'est évidemment pas seulement utilisée dans le cadre de la vente en porte à porte. Elle peut également, par exemple, être utilisée dans les relations intimes, ou professionnelles. Écoutons plutôt Jérôme, un employé un peu trop gentil :

*« De temps en temps, mon boss me demandait de rester cinq ou dix minutes supplémentaires le soir, pour finir deux trois trucs urgents, ou finaliser certains chiffres. Évidemment, j'acceptais à chaque fois : cinq minutes, ce n'est pas grand-chose. Et puis, il me remerciait assez gentiment d'ailleurs, en me disant qu'il voudrait avoir d'autres employés comme moi. Mais ces derniers temps, il me demande de rester vingt*

*minutes, voire une demi-heure... Et évidemment, ce n'est pas compté comme heures supp... Je me sens obligé d'accepter, je n'ai plus trop le choix. Si j'avais su...* »

## À savoir : comment faire la manche sans en avoir l'air...

À l'ère du téléphone portable, cette démarche semble délicieusement obsolète, mais écoutons plutôt cette expérience, faite en 1972 par un chercheur américain, Harris.

Harris voulait vérifier l'hypothèse du pied dans la porte, en faisant appel à la générosité de passants inconnus dans la rue. Il testa ainsi deux situations différentes. Dans la première situation, il procédait ainsi : il demandait tout bonnement aux passants de lui donner quelques centimes, car il lui manquait un peu d'argent pour pouvoir téléphoner. Avec cette technique, une personne sur dix accédait à sa demande.

Dans la seconde situation, sa première question était : « *Avez-vous l'heure s'il vous plaît ?* » Si la requête était positive, il posait alors la seconde question : « *Excusez-moi, j'ai besoin de téléphoner et il me manque quelques centimes. Pourriez-vous me dépanner ?* » En procédant ainsi, Harris a non pas doublé, mais quadruplé les résultats obtenus ! Quatre personnes sur dix lui donnèrent ainsi ces quelques centimes...

Ainsi, si un jour vous avez absolument besoin de téléphoner et que votre batterie est à plat (et que vous n'avez pas non plus votre carte bleue, les cabines téléphoniques acceptant les cartes bancaires maintenant...), pensez à cette technique, qui vous assure quasiment une chance sur deux d'arriver à emprunter le téléphone de quelqu'un de totalement inconnu.

## À retenir

### ➢ Engagement et liberté, les deux piliers du pied dans la porte

La bonne image que l'on veut donner aux autres (ou que les autres nous laissent entendre de nous), ainsi que notre tendance à vouloir toujours rendre cohérents nos opinions, nos actes et nos paroles font un terreau très favorable à cette technique de persuasion.

### ➢ Efficacité et simplicité

Cette technique allie, en effet, un fonctionnement très simple et une efficacité redoutable. La manipulation est indolore car progressive… Quand on s'en aperçoit, il est souvent déjà trop tard, car le fonctionnement est aussi très malléable, laissant une marge de manœuvre très large à ceux qui veulent nous manipuler, que ce soit dans des situations commerciales, familiales, sociales ou professionnelles.

# La porte au nez

*« En diplomatie, l'ultimatum est la dernière exigence avant les concessions. »*

Ambrose Bierce

## Un peu de théorie

### La porte au nez, une procédure simple

De par son nom, la technique de la porte au nez ressemble étrangement à celle du pied dans la porte. Cependant, c'est en fait son exact contraire et elle ne semble pas même reposer sur les mêmes ressorts. Voyons, en premier lieu, comment cette technique est utilisée par les manipulateurs au quotidien.

**Expression d'une première requête**

Comme pour le pied dans la porte, la porte au nez nécessite deux requêtes. Seulement ici, on prend le contre-pied de la première technique déjà décrite. Au lieu d'une demande anodine et minime, c'est, au contraire, une demande très difficilement acceptable qui est formulée. En effet, son coût est tel (on y dépenserait trop de temps, trop d'argent, trop d'énergie), que celui qui la reçoit est quasiment obligé de la refuser. Ce qui est naturellement prévu. Évidemment, si l'individu accepte cette première requête, c'est encore mieux !

**Expression d'une déception polie**

Le manipulateur, suite à sa première demande déboutée, ne peut que paraître déçu, même s'il se montre souvent compréhensif, en disant par exemple une phrase « bateau » comme : « *Je comprends votre refus* », ou « *Oui, c'est normal...* ». Suivent alors quelques secondes de pseudo-réflexion.

**Expression de la véritable requête**
Évidemment, cette requête-ci est moins coûteuse en temps, en énergie et en argent, ce qui lui donne l'aspect d'une concession faite au dernier moment… Au vu de ce compromis important, l'individu se sent ainsi obligé d'accepter la seconde offre, qui était en fait le véritable objet de la manipulation.
Pour vous en donner un exemple plus parlant, écoutons le témoignage de Michael :
*« Je me suis aperçu que ma fille était très maligne (elle doit tenir cela de sa mère…). Elle a 17 ans, et naturellement je fais attention à ses fréquentations et ses sorties. La dernière fois, elle me demandait s'il était possible de partir une semaine avec plusieurs de ses copines, pour les 18 ans de l'une d'elles, dans la maison de ses parents sur la côte. Elles partiraient avec une autre copine en voiture. Je ne sais pas si je suis un papa poule, mais en tout cas, j'ai refusé : la fille n'a pas son permis depuis longtemps et je sais très bien ce que peut faire une dizaine de jeunes filles (et peut-être de jeunes hommes !) seules à la plage… Ce qui m'a paru étrange, c'est qu'elle ne paraisse pas si déçue que cela en entendant mon refus : je m'attendais à devoir lutter pendant des heures. Au final, elle est revenue deux minutes après, en me demandant s'il était au moins possible d'y aller pendant deux jours, si je l'y emmenais et si je revenais la chercher… Et j'ai accepté. Je me suis retrouvé à faire deux fois 150 bornes aller-retour pour amener et aller chercher ma fille, alors que je voulais me faire un week-end au golf tranquille… Et j'ai appris qu'elles n'y restaient toutes que le week-end en définitive… je plains le futur mari de ma fille si elle sait le manipuler aussi bien qu'elle sait me manipuler… »*

## Les ressorts de la porte au nez

Plusieurs hypothèses sont envisagées pour expliquer ce phénomène. Elles se complètent toutes assez bien, dans la mesure où aucune d'elles prise séparément n'explique le phénomène. Les scientifiques s'interrogent encore. La technique est d'une damnable simplicité, mais son mécanisme est bien complexe.

## Le principe de réciprocité et le sentiment de culpabilité

Le principe de réciprocité trouve ici bien sa place, dans la mesure où l'un des deux interlocuteurs semble faire une immense concession à l'autre, en rabattant de beaucoup ses exigences. Nous avons vu dans un chapitre précédent que le principe de réciprocité était en fait une règle sociale qui repose sur les bases suivantes : « *Tu me rends ce que je te donne* », ce qui en d'autres termes peut s'expliquer ainsi : « *Si tu es gentil avec moi, je le serai tout autant avec toi.* » Ces termes fonctionnent donc aussi quand l'une des deux parties, pleine d'une volonté toute pacifique, diminue sa demande pour complaire à l'autre partie. Cette dernière, prise d'un certain sentiment de culpabilité, ne peut alors qu'agréer à la seconde demande, qui semble alors un bon compromis. Ce sentiment de culpabilité est d'ailleurs subtilement étayé par la réaction très compréhensive du demandeur débouté.

## L'effet de contraste

L'effet de contraste est une technique très bien utilisée par les agents immobiliers, qui consiste, dans leur métier, à présenter au client potentiel désireux d'acheter un bien, une vieille ruine à un prix exorbitant. Évidemment, le client la refuse. Mais ce dernier ne s'aperçoit pas qu'il va maintenant voir d'un œil (beaucoup) plus indulgent la maison correcte et à un prix moins élevé que va lui présenter son agent, maison qui, comparée à la première, paraît un véritable palais vendu pour une bouchée de pain. C'est le même principe qui fonctionne ici. La seconde demande, étant bien moins coûteuse, paraît du coup beaucoup plus raisonnable à celui qui doit y répondre.

## À savoir : les conditions optimales pour une bonne porte au nez

Il existe certaines conditions préalables à respecter pour la parfaite exécution d'une porte au nez efficace.

La première requête doit paraître exorbitante, mais dans les limites du possible. Si elle paraît franchement impossible à satisfaire, ridicule ou déplacée, son impact pour la suite de la manipulation s'en trouve amoindri.

La seconde demande doit être dans la droite lignée de la première, en beaucoup moins coûteux. Il est inutile pour une jeune fille de demander une voiture à ses parents, si elle désire juste partir en week-end entre copines...

Les deux requêtes doivent être formulées à la suite l'une de l'autre, en laissant un intervalle le plus bref possible entre les deux, et par la même personne. Les scientifiques ayant poussé leurs expérimentations dans ce champ-là ont remarqué qu'au-delà d'une journée d'intervalle, l'effet n'opérait plus, de même que si les requêtes sont faites par deux personnes différentes.

Le solliciteur peut également, pour augmenter son efficacité, donner à sa requête toute l'apparence de la bonne action : il peut le faire pour le bien de l'humanité, pour soutenir les personnes en difficulté, pour aider autrui, etc. Refuser la première requête devient alors hautement culpabilisant et la personne concernée ne peut qu'accéder à la seconde requête pour se libérer de sa culpabilité... à moindres frais ! Évidemment, rien n'empêche à cette cause d'être purement fictive et l'objectif réel dissimulé.

## À retenir

### ➢ La technique de la porte au nez

Elle consiste à provoquer un premier refus, afin de prédisposer l'interlocuteur à accepter plus facilement ce qu'on lui demandera par la suite. Elle est très simple et est couramment utilisée, que ce soit par des inconnus ou des proches.

### ➢ Deux causes principales à notre acquiescement final

Deux principes se conjuguent pour rendre cette technique efficace : le principe de réciprocité, qui rend deux refus successifs difficiles à formuler, et l'effet de contraste, qui rend la concession faite encore plus importante qu'elle ne l'est en réalité.

### ➢ Les conditions d'optimalité de la porte au nez

En effet, certains facteurs vont augmenter le sentiment de culpabilité, ou le contraste entre les deux requêtes. Cependant, il importe en premier lieu de bien doser l'importance des deux demandes successives pour ne pas éveiller les suspicions…

# L'effet puits

*« Il faut que dans un spectacle, chacun croie qu'il y a un petit peu de quelque chose pour lui. »*

**Barnum**

## Un peu de théorie

### La technique reine des cartomanciens, voyants et autres manipulateurs professionnels

L'effet puits (on l'appelle également effet Barnum, célèbre orateur de cirque) est une arme particulièrement utilisée par tous ceux qui veulent asseoir leur crédibilité, et/ou impressionner leurs interlocuteurs, en leur révélant, par exemple, des choses indéniablement véridiques sur leur propre nature. Ainsi, pourvus d'une crédibilité sans faille, ces manipulateurs peuvent débiter ensuite les mensonges ou flatteries les plus éhontés pour parvenir à leurs fins.

Cette technique consiste tout simplement à annoncer, de la façon la plus convaincue et pénétrée possible, des « vérités », qui sont en fait un amalgame plus ou moins réussi de généralités confondantes. Par exemple, imaginons que vous alliez voir un médium, ou autres diseurs de bonne aventure, et que vous lui demandiez (méfiant dans un premier temps quand même !) des informations sur vous et sur votre passé, afin de bien vérifier le sérieux et le talent de votre astrologue. Imaginons encore qu'il vous dise : « *Vous êtes quelqu'un qui peut se faire influencer, même si la plupart du temps vous gardez la tête froide, ce qui vous permet de ne pas vous faire avoir facilement. Vous manquez de méfiance, cependant, avec les gens qui vous entourent et vous avez déjà été, ou serez très certainement, déçu par un de vos proches* », etc.

En écoutant ce discours, et malgré ce que vous a dit votre astrologue dans sa première phrase, il y a de fortes chances que vous le trouviez signifiant (plein de sens). Rien de bien étonnant : n'importe qui pourrait correspondre à ce profil.

L'effet puits peut, en effet, se définir ainsi : plus le discours est vague et creux, plus les gens qui l'écoutent peuvent s'y reconnaître. Le discours vague est souvent obtenu à travers des structures alambiquées et peut même aller jusqu'à dire en fin de phrase le contraire de ce qui a été dit au début. L'orateur prend ainsi très peu de risques. En ajoutant quelques « parfois », « certainement », ou « il est possible que », la phrase devient tellement vague qu'elle en devient « profonde ». Évidemment, il faut éviter toutes sortes d'argumentations ou de justifications, pour garder ainsi une certaine aura mystérieuse. Nul besoin de dire que l'effet puits est largement exploité dans tous les horoscopes qui peuvent exister sur terre.

## Pourquoi ça marche ?

### Chacun ses vérités

Si vous reprenez le discours de l'astrologue ci-dessus, il est certain que vous y retrouverez une part de vérité. Et pour cause ! Ce discours n'est qu'une jolie boîte vide que vous remplissez vous-même avec des circonstances personnelles qui vous sont propres. En d'autres termes, c'est vous qui allez remplir de sens cette coquille vide, en repensant forcément à des événements qui se sont déjà passés dans votre vie.

### Dire ce que l'on a envie (ou besoin) d'entendre… ou de comprendre

De plus, il est évident que les manipulateurs les plus chevronnés ont, en général, un sens de l'observation aiguisé et leur habileté à deviner les besoins, envies, désirs ou frustrations des personnes qui les entourent peut être confondante. Rien ne leur est donc plus facile que de creuser dans ce sens, pour conforter leurs victimes dans le fait qu'ils les connaissent bien et qu'elles peuvent donc leur faire

confiance. Écoutons, par exemple, Caroline, une maman de 38 ans :
« *Quand j'ai rencontré Bertrand, j'ai vraiment "halluciné". On a passé une soirée ensemble et j'avais tout bonnement l'impression qu'il lisait en moi comme dans un livre ouvert. Toutes mes peines des derniers mois et mes besoins paraissaient lui être familiers... je me sentais tellement comprise ! J'étais tellement emballée que je l'ai invité chez moi "boire un dernier verre"... et je me suis retrouvée le lendemain toute seule, mon sac, mon ordinateur, mes bijoux, tous envolés...* »
En fait, nous avons naturellement tendance à « croire ce que nous croyons déjà », c'est-à-dire à ne rechercher que les informations confirmant ce que nous pensons a priori. Cela peut même aller jusqu'à déformer certaines informations pour les faire correspondre au moule préformé de nos opinions. Ce phénomène est ce que l'on appelle la validation subjective.

**Flatter pour mieux convaincre**

Cette validation subjective fonctionne d'autant mieux si la personne que l'on écoute révèle sur nous des informations plutôt positives. Il est toujours agréable d'entendre sur soi des commentaires flatteurs. Rares sont ceux qui pourraient nier des phrases comme : « *Vous avez un sens de l'équité aiguisé et vous ne cautionnez jamais l'injustice* » ! Mais même cette dernière technique, la flatterie, n'est pas obligatoire pour profiter de l'effet puits. Nous sommes tous friands, quels qu'ils soient, de feedbacks sur l'image que nous renvoyons aux autres. Mettre le doigt sur une faiblesse peut même être une technique de manipulation supplémentaire : « *En ce moment, vous savez confusément que vous n'utilisez pas toutes vos capacités, mais vous ne savez pas comment le faire. Je peux vous aider...* »

## À savoir : les expériences édifiantes de monsieur Forer

Le phénomène de l'effet puits a été mis en lumière, pour la première fois, à la fin des années 1940, par le psychologue Forer. Il désirait confirmer l'hypothèse qu'une description vague et générale d'une quelconque personnalité était globalement bien acceptée par les gens, qui l'appliquaient alors à eux-mêmes de façon personnelle.

Ainsi, il fit passer un test de personnalité à tous ses étudiants. Mais au lieu d'en analyser les résultats pour en définir des profils différents (et idoines !), il reprit tel quel le texte d'une analyse de personnalité, trouvée dans un quelconque magazine (à la page « astrologie »), qu'il donna à chacun de ses étudiants.

Les termes en étaient : « *Vous avez besoin d'être aimé et admiré et pourtant, vous êtes critique avec vous-même. Vous avez, certes, des points faibles dans votre personnalité, mais vous savez généralement les compenser. Vous avez un potentiel considérable que vous n'avez pas tourné à votre avantage. À l'extérieur, vous êtes discipliné et vous savez vous contrôler mais à l'intérieur, vous tendez à être préoccupé et pas très sûr de vous-même, etc.* »

Les résultats furent impressionnants. Une écrasante majorité des étudiants qualifia le compte rendu comme : « *correspondant tout à fait à sa personnalité* »... Évidemment, ils ne surent qu'après le test, qu'ils avaient tous eu la même réponse...

## À retenir

### ➢ Une technique vieille comme… les arts divinatoires

Certaines personnes peu scrupuleuses peuvent, en effet, se servir de l'effet puits pour asseoir une certaine crédibilité, avant de pouvoir manipuler les autres à leur guise. Cette technique consiste à dire des affirmations tellement générales qu'elles peuvent s'appliquer à tout le monde, en balayant toutes les possibilités imaginables.

### ➢ L'effet puits, ou l'utilisation de nos biais cognitifs et de nos faiblesses

De fait, il est facile de se servir de l'effet puits quand on sait ce que l'autre veut entendre, puisque dans ce cas-là, ce que l'on dira sera d'autant mieux interprété, compris et accepté (la validation objective). De plus, notre soif de reconnaissance, qui passe par une soif de feedbacks positifs notamment, ne peut qu'être favorable à ce type de manipulation. Pensez-y la prochaine fois que vous lirez votre horoscope…

# Isolement et compartimentage

*« Il faut diviser pour mieux régner. »*

Proverbe français

## Un peu de théorie

### L'isolement, premier pas de la manipulation

En effet, être isolé n'est pas une situation très naturelle pour l'homme, qui a l'habitude de vivre en société, donc entouré de ses proches (sa famille, ses amis), voire de personnes moins proches (le reste de la société). De fait, l'être humain isolé n'a d'ailleurs que peu de chances de survivre : l'enfant abandonné meurt, l'homme seul dans la nature a de grandes chances de mourir aussi…

Pour manipuler autrui, il faut en général profiter d'un moment de faiblesse, ou le mettre en position de faiblesse, afin d'augmenter son emprise sur lui. La solitude fait partie de ces situations où l'on devient plus fragile et où l'on est plus facilement manipulable, car la pente naturelle de l'être humain est alors de se diriger vers l'autre, même si cet autre n'est pas forcément bienveillant.

### Avoir une plus grande influence en supprimant celle des autres

En effet, les personnes les plus facilement influençables sont souvent les personnes seules, sans soutien familial ni amical. Ainsi, les tentatives d'escroquerie sont souvent dirigées vers les personnes âgées, qui vivent isolées, et qui sont de ce fait beaucoup plus influençables que les personnes vivant en groupe et qui peuvent, avant de prendre une décision, demander l'avis des autres. De plus, étant souvent peu au fait des nouveautés et ayant parfois des difficultés de compréhension, elles deviennent les cibles privilégiées des escrocs en costume.

Mais si une personne n'est pas seule, il est possible de l'isoler. Les techniques sont simples : désinformation, mensonges, rumeurs. Écoutons Jeanne par exemple :

« *Tout a commencé quand je suis sortie avec Cyril, un collègue. Il était très jaloux et possessif et c'est limite s'il ne voulait pas que je parle à d'autres hommes quand il n'était pas là. Au début, cela me flattait et ne me dérangeait pas tellement, je n'ai jamais été très loquace sur ma vie privée au travail, même si mes rapports étaient cordiaux avec tout le monde. Mais peu à peu, je voyais bien que le vide se faisait autour de moi. Mes collègues ne m'appelaient plus pour aller boire un verre après le travail, les rapports se faisaient plus distants. Je ne comprenais pas pourquoi les gens changeaient de comportement à mon égard. Certaines de mes collègues, avec qui je m'entendais bien avant, ne répondaient même plus quand je les appelais et je ne pouvais même pas m'expliquer avec elles sur la raison de leur silence. Quelques semaines plus tard, alors que la situation devenait vraiment difficile, j'ai surpris Cyril en train d'ouvrir mon courrier. Sommé de s'expliquer, il a bafouillé quelques excuses avant que je ne le vire de chez moi et de ma vie. Je suis tombée des nues. Le lendemain, vu ma tête au travail (je n'arrêtais pas de pleurer), une collègue est quand même venue me voir et je lui ai dit ce qui s'était passé. Et là, ça a été le déclic. On s'est rendu compte que Cyril avait monté tout le monde contre moi (je ne saurai jamais vraiment pourquoi), pour que je me retrouve seule et que je n'aie plus que lui... Il racontait des mensonges à tout le monde (et il m'en racontait aussi), et comme je ne m'étais jamais vraiment expliquée avec personne, ces mensonges avaient perduré... jusqu'à ce que j'ouvre les yeux sur sa vraie nature.* »

Couper les gens de leur réseau est la meilleure façon de les influencer et de les avoir à sa merci, car privés de leurs repères, ils se fient plus facilement aux personnes qui viennent vers eux, avec des intentions soi-disant bienveillantes.

## Annihiler tout esprit critique

L'isolement de sa victime a aussi un autre avantage pour le manipulateur. Cloîtrée, recluse, séparée des autres, la personne manipulée perd forcément de son esprit critique, puisqu'elle ne peut comparer sa situation avec celle des autres. Comment alors se rebeller si elle pense que sa situation est normale ? Personne n'est là pour lui dire qu'elle ne l'est pas.

Ce n'est pas pour rien que les grandes dictatures, passées ou présentes, ont toujours muselé la presse, censuré les journalistes et les médias, pratiqué la désinformation à grande échelle, voire fermé les frontières à toute information étrangère. Car si les habitants du pays tyrannisé, isolé du reste du monde avaient vent de ce qui se passait dans les pays démocratiques, ils n'auraient sûrement pas la même ferveur à défendre leur régime et se soulèveraient sûrement plus facilement. La manipulation amène l'isolement, l'isolement amène l'ignorance, l'ignorance amène la soumission.

Sans aller jusqu'à la dictature, les manipulateurs ont grand intérêt à ce que leurs victimes ne puissent analyser la situation correctement, ne puissent recouper leurs informations avec celles d'autres personnes, en un mot, ne puissent prendre le recul suffisant pour voir la situation dans son ensemble. Un mari volage aura ainsi peu intérêt à ce que sa femme rencontre ses collègues ou ses amis : il préférera compartimenter ses relations afin que le moins d'informations filtrent de part et d'autre… Certains ont ainsi mené une double vie pendant des années, avant d'être découverts, parfois après leur mort, au moment de la lecture du testament !

## À savoir : une technique fréquemment utilisée par les sectes

Nous avons bien compris, après avoir lu ce chapitre, que la manipulation est plus facile à opérer auprès des personnes isolées. Ce sont donc les cibles préférées des gourous de sectes, qui voient en ces individus des victimes toutes désignées. Mais la solitude n'est pas forcément seulement physique ou sociale, elle peut être psychologique aussi : un adolescent fugueur, en rébellion ouverte avec ses parents et n'ayant pas d'amis très proches, peut très bien tomber dans le piège d'une secte. D'ailleurs, les personnes les plus vulnérables à la manipulation sont les personnes les plus âgées et les plus jeunes. Ceux qui sont au chômage depuis longtemps (et qui n'ont donc pas forcément un réseau de connaissances très actif), ceux qui vivent une dépression ou un deuil (et qui ont donc tendance à s'isoler) peuvent également être sensibles à l'appel de sectes.
Si la personne visée n'est pas complètement seule, le premier but de la secte sera de l'isoler de sa famille et de ses proches, avec pour compensation un statut « spécial » au sein de la secte. La victime, flattée, verra dans ce statut un signe de reconnaissance, qui, pense-t-elle, lui est refusé en dehors de la secte. C'est ainsi, souvent en douceur, que les gourous arrivent à rassembler autour d'eux des fidèles.

## À retenir

### ➢ L'exclusion, l'isolement et la séparation sont des armes puissantes de manipulation

Les personnes seules sont plus vulnérables aux tentatives de manipulation, car elles ne peuvent s'appuyer sur le soutien des autres. Il est également possible d'isoler une personne pour la rendre plus malléable.

### ➢ La privation des repères

La communication avec autrui, le recoupement des informations et l'analyse de leur source sont des choses indispensables pour pouvoir se faire un avis objectif sur quoi que ce soit. La personne isolée et manipulée n'a souvent plus qu'une seule source d'informations, sans savoir que c'est la plus mauvaise et la moins objective.

### ➢ L'arme préférée des dictateurs et des gourous

En effet, ces personnages peu recommandables ont besoin d'isoler les personnes qu'elles manipulent du reste du monde, pour pouvoir compter sur leur parfaite docilité. Docilité conditionnée par leur ignorance des moyens utilisés pour les soumettre…

# Savoir se rendre sympathique

*« Pour leurrer le monde, ressemble au monde ;*
*ressemble à l'innocente fleur, mais sois le serpent qu'elle cache. »*
William Shakespeare

## Un peu de théorie

### Un principe qui tombe sous le sens

Évidemment, il peut sembler idiot, car évident, de préciser qu'une personne qui essaiera de vous manipuler essaiera de se rendre sympathique. Mais même si c'est évident et que vous connaissez cette technique, cela ne vous empêche pas, pour autant, de vous faire avoir… Écoutons, par exemple, Sahel, 32 ans :

*« En bas de chez moi, il y a une petite boutique de vêtements que j'aime bien (je suis assez branché fringues). En plus, le jeune homme qui la tient, Samuel, est vraiment super sympa. À chaque fois que je vais le voir, on discute foot, sorties, il me demande pour quelle occasion je compte mettre le vêtement que je veux acheter, etc. Bref, on parle un peu. Et je finis par passer pas mal de temps dans son magasin finalement ! C'est presque devenu un pote. Même si je ne sais pas s'il est vraiment amical ou si c'est juste un excellent commercial ! En tout cas, je ne peux pas m'en empêcher, à chaque fois que je vais chez lui, je me sens presque obligé d'acheter un truc… »*

La grande difficulté de la part de la personne manipulatrice (vendeur, commercial, ou tout simplement connaissance) est donc de paraître sympathique. Car la sympathie entraîne tout un ensemble de réactions qui lui sont favorables : en effet, la sympathie engendre des sentiments de sécurité, de confiance et de chaleur, qui sont propices à un certain « abandon » : la personne manipulée est ainsi beaucoup moins sur le qui-vive et part, même si certains signes peuvent dire le contraire, avec un a priori positif. Mais la sympathie entraîne également un sentiment d'obligation : on se sent obligé de se rendre sympathique à son tour : c'est le principe de réciprocité que l'on retrouve ici.

C'est ainsi que marchent les réunions du type « Tupperware© », dont le fonctionnement, qui a démontré une grande efficacité, est décliné maintenant pour divers types de produits. C'est ce que Marion nous explique :

*« J'ai été invitée, il y a quelques jours, à un "après-midi sex toys" chez une amie. Je trouvais le concept marrant et puis, il y avait du champagne et des gâteaux. On était une dizaine de filles, assez décomplexées, toutes copines... on a parlé de sexe pendant tout l'après-midi et on a bien rigolé. Personnellement, je n'avais pas tellement envie d'acheter, parce que je suis un peu juste en ce moment, mais je ne me voyais pas partir sans rien, alors qu'on m'avait offert le champagne et les petits-fours ! Et puis bon, ma copine se fait un peu d'argent avec ça et je voulais l'aider. Finalement, j'ai acheté un petit truc (je ne vous dirai pas quoi...) à 20 euros. C'est sûr que je ne l'aurais jamais acheté dans un sex-shop... »*

Une fois encore, le principe opère, même si Marion est complètement consciente de la raison pour laquelle elle achète « *un petit truc* ».

## Familiarité et sympathie

Une autre manière de se rendre sympathique et de paraître « familier » : donner une impression de déjà-vu par exemple. Quand vous rencontrez une personne, dans une soirée, que vous croyez avoir déjà vue, la discussion s'enclenche souvent plus facilement que si elle vous paraissait une parfaite inconnue...

De même, quand on étudie les techniques de vente et plus particulièrement de négociation, il y a une règle que l'on apprend rapidement : pour commencer sa « négo » du bon pied, il faut commencer par récapituler les points d'accord, même s'ils ne représentent que

5 % du contrat à discuter ! En effet, une personne qui essaie de vous amener à faire quelque chose pour son profit a tout intérêt à faire ressortir immédiatement le côté positif de la chose… il est ainsi plus délicat de rompre les négociations tout de suite…
Un manipulateur peut également faire ressortir des points communs entre vous et lui, pour augmenter cette impression de sympathie. Il n'est pas difficile d'en trouver et les « coïncidences » sont parfois trompeuses.

### Beauté et sympathie

Eh oui, il faut avouer que nous sommes tous conditionnés pour penser que ce qui est beau est forcément bon… Ainsi, une assiette joliment présentée nous paraîtra meilleure qu'une assiette présentée à « la va-vite », même si les ingrédients, la cuisson, l'assaisonnement sont exactement les mêmes.
Pourquoi nous faisons-nous avoir comme cela ? Il y a nécessairement une cause qui tient de notre évolution : nos ancêtres avaient certainement plus d'attirance envers ceux qui paraissaient avoir bonne mine, plutôt que les autres : ils paraissaient avoir un meilleur capital génétique et de meilleures chances de se reproduire… on peut se demander si notre fonctionnement a réellement changé depuis l'aube de l'humanité… De même, il y a aussi une cause culturelle. Pour prendre un exemple parmi tant d'autres : regardez n'importe quel dessin animé. Il est évident que les « gentils » (Blanche-Neige…) sont infiniment plus beaux et plus mignons que les « méchants » (sa belle-mère quand elle a l'aspect d'une vieille sorcière).

## À savoir : quand le développement personnel est utilisé pour manipuler

De nombreuses thèses et autant de courants existent maintenant dans la sphère de ce que l'on appelle le développement personnel. Le développement personnel est un domaine largement démocratisé maintenant, qui regroupe toutes les connaissances et techniques pour aider chacun de nous à mieux vivre, mieux communiquer, mieux s'accepter… Il regroupe donc des disciplines diverses, comme le yoga, la communication non violente, l'analyse transactionnelle, la programmation neuro-linguistique, etc., diffusées par des associations ou des entités privées.

Ces techniques sont destinées à un large public (tout comme l'ouvrage que vous tenez dans les mains) et peuvent donc être enseignées à n'importe qui, sans aucune vérification éthique, ni de la personne qui reçoit l'enseignement, ni de la personne qui le dispense d'ailleurs. De plus, la plupart sont enseignées dans le cadre de la formation continue professionnelle, en tant qu'outils de travail et de communication (par exemple pour les commerciaux).

Par exemple, la PNL (programmation neuro-linguistique) enseignerait des techniques destinées à se « synchroniser » sur autrui, afin de mieux communiquer avec lui, en faisant référence à ses valeurs, ses besoins, voire sa gestuelle. La synchronisation permettrait, en étant similaire à autrui, de se rendre plus sympathique et donc plus convaincant…

## À retenir

### ➢ Nous sommes plus enclins à écouter et à suivre quelqu'un de sympathique

Au-delà de son caractère évident, il faut noter que ce principe est très largement utilisé par les manipulateurs de tout poil, au moins pendant la phase d'amorçage, où ils « ferrent » leur proie... Non qu'il faille toujours se méfier des personnes aimables, mais cette amabilité peut être suspecte quand elle s'accompagne d'une demande ultérieure...

### ➢ La sympathie s'appuie souvent sur quelques détails précis

La personne qui veut se rendre sympathique au premier abord, sourira évidemment, mais cherchera aussi, via une observation fine de votre comportement et de votre apparence, à mettre en avant des points communs (réels ou fictifs), des rencontres antérieures, des amis communs, afin de créer un a priori positif de votre part... car, en général, on préfère ce que l'on connaît...

### ➢ Beau/Bon-té ?

Notre cerveau, souvent un peu feignant, fait souvent un raccourci entre beauté physique et beauté morale. En assimilant les deux, il laisse donc une marge de manœuvre et une tolérance plus grandes aux gens au physique avantageux... qui voudraient nous manipuler.

# Complimenter pour mieux manipuler

*« Le flatteur vit aux dépens de celui qui l'écoute. »*

Jean de la Fontaine

## Un peu de théorie

### Le besoin d'être reconnu et distingué

L'homme est un paradoxe vivant et a tellement de failles et d'aspérités qu'il est facile de le manipuler quand on les connaît. En effet, nous savons que l'homme a besoin de faire partie d'un groupe, d'en adopter les coutumes, les opinions et les signes distinctifs : c'est ce que l'on appelle le besoin d'appartenance (ou de conformité).

Parallèlement, il recherche au sein de ce groupe ce que l'on appelle une reconnaissance de distinction, c'est-à-dire qu'il a besoin de se sentir différent et, de préférence, meilleur que les autres évidemment. Cela laisse ainsi deux armes utiles au manipulateur. Car il est très facile de jouer sur ce besoin de reconnaissance pour obtenir ce que l'on veut.

### Une question d'ego

Les personnes les plus sensibles à ce genre de technique sont celles avec une estime de soi instable. Une estime de soi instable peut être haute ou basse, mais la personne qui en souffre a besoin, dans les deux cas, d'être constamment rassurée par un regard positif extérieur : elle vit littéralement à travers l'autre. Par exemple, la personne avec une haute estime de soi instable aura plutôt un comportement vaniteux, voire narcissique. Mais son besoin de réassurance étant un véritable puits sans fond, elle aura besoin de voir l'admiration dans les yeux des autres, la rendant ainsi facile à manipuler, comme en témoigne Gisèle, 48 ans :

*« Mon collègue, Michel, peut se montrer insupportable. Il se vante toujours d'être le plus apprécié par le patron, celui qui travaille le plus vite, rapporte*

*le plus d'argent à la boîte... Un vrai gamin. Personne ne le supporte en fait (on le surnomme "Moi-je" dans le service commercial), et il s'est déjà disputé avec pas mal de personnes. Moi, je le connais depuis très longtemps, on a fait l'école de commerce ensemble et je suis la seule avec qui il peut travailler. C'est très simple, en fait. Je reste assez distraite dans ses phases de mégalomanie, mais je lui fais un petit compliment de temps en temps, surtout quand il ne s'y attend pas... Résultat : avec moi, il est adorable et je peux lui demander ce que je veux... »*

### Le « coefficient prestige »

De même, il est évident que l'impact d'un compliment n'est pas le même selon la personne qui le formule. Plus une personne apparaît prestigieuse à nos yeux (que ce soit notre supérieur hiérarchique, une personne très belle, ou « célèbre »), plus elle aura de facilités à nous manipuler, en maniant le compliment avec dextérité. Car cela rend le complimenteur éminemment sympathique à peu de frais (la sympathie est comme multipliée par le coefficient « prestige »), et la personne complimentée, qui n'en revient pas de sa chance, est quasiment hypnotisée. Un peu de ce pouvoir, de cette beauté ou de cette célébrité a comme rejailli alors sur elle.

Ce n'est pas pour rien que les manuels de management modernes consacrent tant de pages à la notion de « reconnaissance » dans leur chapitre : « *Comment motiver vos équipes ?* »... même s'il arrive que les principes soient mal appliqués :

*« Mon manager a fait une formation il y a deux mois. Je ne sais pas trop ce qu'ils lui ont dit là-bas mais depuis, il n'arrête pas de nous complimenter ! Le problème, c'est que ça paraît trop superficiel et que ça tombe même souvent à côté. Du coup, ça a l'effet inverse. Maintenant, on se moque (gentiment) de lui quand il balance un :* "Super les gars !" *en plein milieu de la matinée... »*

Comme le dit très bien Geoffroy, un compliment mal fait peut avoir l'effet inverse que celui recherché et se retourner contre le mauvais flagorneur.

## À vot' bon cœur m'sieurs dames !

Une autre façon d'obtenir de vous ce que l'on souhaite est ce que l'on appelle l'étiquetage. L'étiquetage est une façon « douce » de vous mettre en condition, afin de ne pouvoir répondre par la négative à la demande qui est faite ultérieurement. Elle fait appel « aux bons sentiments » et est une façon parmi tant d'autres de nous culpabiliser.

Dans cette technique, très répandue, le principe est de formuler, avant la demande, une phrase clé qui annonce la demande, tout en la rendant diaboliquement efficace. Par exemple, c'est votre patron qui vous dit : « *Je sais que vous faites du super boulot et c'est pour ça que je vous donne ce dossier en plus. Prouvez-moi que j'ai raison.* » Le but du compliment est donc de vous « étiqueter » assez positivement, de façon à ce que vous ne puissiez pas, par la suite, déroger à cette image que l'on a de vous. Cette technique est encore une conséquence du besoin de cohérence, c'est-à-dire qu'elle conduit à agir de la façon dont on est perçu par les autres, pour être cohérent avec son image. Il faut, évidemment, que dans ce cas-là, le compliment soit en rapport direct avec la demande formulée.

Le paradoxe dans cette technique est que l'on est souvent conscient de la tentative de manipulation, mais que l'on ne peut s'empêcher, la plupart du temps, d'obéir à notre besoin d'être « distingué ».

## À savoir : la manipulation positive de « l'effet pygmalion »

L'étiquetage, comme nous l'avons vu dans ce chapitre, est donc la technique qui consiste à « enfermer » l'autre dans une certaine image, une image positive, pour qu'il ne puisse pas s'en détacher et pour qu'il agisse en fonction de cette image. Ainsi, quelqu'un qui veut vous vendre une assurance pourrait très bien vous dire : *« Je sais que vous êtes prévoyant et je sais que vous ferez le mieux pour vos enfants. »* Comment résister à un tel argument ?

L'effet pygmalion repose sur la même technique. Alors pourquoi parler ici de manipulation « positive » ? Parce que le manipulateur n'a, dans ce cas, aucun intérêt ou profit personnel à manipuler… et qu'il le fait inconsciemment.

Cet effet pygmalion a été étudié par un psychologue, Robert Rosenthal. Ses expériences ont réussi à prouver que l'image que l'on a de l'autre, si elle est positive, peut notablement améliorer son comportement. Son expérience portait sur une classe d'élèves moyens, dont le professeur apprenait à la suite d'une erreur que certains de ses élèves (en échec scolaire) avaient en fait un quotient intellectuel supérieur à la moyenne. Ces assertions étaient bien sûr fausses et l'erreur était en fait programmée. Mais il s'avère que les résultats de ces élèves ont progressivement augmenté les mois suivants la « révélation ». Pour quelle raison ? Le professeur était convaincu que ces élèves avaient du potentiel et il leur a alors renvoyé une image beaucoup plus positive d'eux-mêmes. Conformément à leur besoin de cohérence, ces derniers ont tout fait pour correspondre à cette image plus positive.

Évidemment, ce phénomène fonctionne aussi, malheureusement, avec une image négative…

## À retenir

### ➢ Le compliment est une arme facile à manier pour le manipulateur

Elle repose, en effet, sur un des besoins essentiels de l'homme, celui d'être le meilleur, le plus beau, le plus gentil, etc., c'est-à-dire celui d'être distingué parmi les autres.

### ➢ Une technique très efficace

De fait, nous sommes bien démunis face à un compliment bien placé, surtout si ce compliment est fait par une personne importante à nos yeux. Hypnotisés, tétanisés, nous n'avons souvent pas d'autres choix que d'accéder à la demande qui ne manque pas de suivre.

### ➢ La technique de l'étiquetage

Elle consiste à profiter de notre besoin de cohérence : si l'on dit que je suis généreux, je dois me montrer généreux, si l'on dit que je suis gentille, je dois aussi me montrer gentille… Nous sommes alors prisonniers de cette image dont on nous affuble (sans dire que ce soit faux) et qui arrange bien celui qui nous demande de lui prêter 50 euros.

# Engendrer la confusion

*« Je n'aime pas qu'on parle à ma sœur.*
*– Mais elle ne m'intéresse pas votre sœur. Je voulais simplement...*
*– Elle te plaît pas, ma sœur ?*
*– Mais si, bien sûr, elle me plaît...*
*– Ah, elle te plaît, ma sœur !!! Retenez-moi ou je le tue,*
*lui, et ces imbéciles ! »*

Goscinny et Uderzo

## Un peu de théorie

### Raffermir son emprise

Dans le cas de certaines manipulations destructrices, il est nécessaire au manipulateur de maintenir une emprise, une influence importante sur sa victime, pour pouvoir la faire agir à sa guise, en affaiblissant notamment ses capacités de jugement et donc de rébellion. Il existe une multitude de façons de détruire petit à petit tout discernement chez une personne. Créer la confusion dans son esprit en est une. Ne lui laisser aucune alternative possible (mis à part l'autodestruction) en est une autre. Ce sont souvent des phénomènes opérés sur du long terme, qui finissent par saper toute estime de soi chez la personne ciblée, surtout en cas de manque de confiance ou de fragilité au début de la relation d'emprise.

### Jouer avec l'incohérence

Toute relation saine a besoin d'une certaine cohérence, c'est-à-dire d'une certaine fiabilité affective, pour pouvoir se construire durablement. C'est le cas quand on connaît bien l'autre et, notamment, ses réactions, qui font partie intégrante de sa personnalité et qui semblent, grosso modo, prévisibles.
Les comportements « incohérents » (c'est-à-dire non motivés par une cause réelle, non suivis dans le temps, en un mot opaques et

incompréhensibles pour la victime), sont propices à la manipulation, dans la mesure où ils vont instaurer un climat de peur, d'incertitude et donc de désarroi.

## Avoir des réactions incompréhensibles

Crier, insulter, alors que la faute ne demande qu'une petite réprimande, rire alors que la situation est pénible voire tragique, pleurer à des moments indus et de façon inexplicable : les manipulateurs jouent sur les émotions pour perturber leur souffre-douleur. Ne sachant à quel comportement il doit s'attendre, ce dernier finit par adopter un comportement inhibé, voire mutique, pour éviter des ripostes déstabilisantes car toujours différentes.

## Alterner le froid et le chaud

Tour à tour adorables, compliments fleuris et petits cadeaux en main, puis odieux, balançant les affaires par la fenêtre, certains manipulateurs savent très bien comment désorienter leur proie. Celle-ci finit par douter de son propre jugement et finit par excuser même son bourreau. Pour témoignage, voici Alexandra, une jeune femme de 28 ans :

*« Quand je suis sortie avec Romain, je sortais d'une longue relation et je voulais quelque chose de léger. Les six premiers mois, tout était idyllique : on se voyait deux ou trois fois par semaine, apparemment il travaillait beaucoup. Puis une fois qu'il m'a "ferrée", Romain est devenu étrange. Il alternait les moments parfaits, où il était adorable, et les crises de jalousie, voire de cruauté mesquine. Ou il n'appelait pas pendant trois semaines. Puis il revenait, tout miel et sucre, et tout allait bien pendant trois autres semaines. J'ai tenu un an comme ça, jusqu'au moment où je pensais devenir folle. Car il était tellement gentil quand il le décidait ! Cela me faisait oublier tout le reste ! Au final, j'ai décidé de le quitter. J'ai appris récemment qu'il était marié depuis cinq ans (il était donc déjà marié quand je l'ai connu) et que je n'avais pas été sa seule maîtresse... »*

## Être irréprochable… en public

Certains manipulateurs excellent également à donner une image publique d'eux-mêmes absolument lisse et parfaite, afin de mieux brimer leur proie en privé : insultes masquées, non-écoute permanente, mépris rampant… Cette dernière finit par se poser des questions, s'interroger sur son propre comportement (« *Pourquoi est-ce que j'accepte cela ?* »), voire se remettre elle-même en question (« *Il a peut-être raison finalement… je suis bien une cruche* »), face au comportement odieux, mais assuré, de son manipulateur. Son estime de soi, surtout si elle était déjà érodée, finit par fondre comme neige au soleil et n'assure plus son rôle de rempart bienfaisant et nécessaire.

De plus, la victime a finalement très souvent l'impression de devenir la complice de son bourreau, dans une certaine mesure, car elle se dit : « *C'est ma faute si je ne réagis pas, c'est moi qui suis faible.* » C'est souvent l'espoir qui fait « tenir le coup » : l'espoir que la situation va changer, que quelqu'un va l'aider, s'en apercevoir. Mais le silence reste entier, inspiré par la honte de clamer son impuissance, la culpabilité de ne pouvoir le faire, voire le dégoût de soi… et personne ne parle de la situation à quiconque, surtout quand les apparences restent sauves.

Enfin, ce phénomène de destruction est parfois renforcé par la totale ignorance de l'entourage sur la véritable nature du persécuteur. Si celui-ci fait bien les choses, les proches peuvent même louer cette personne attentionnée qui s'occupe si bien des autres. Cela, évidemment, culpabilise encore plus la victime, qui ne veut pas « décevoir » son entourage et avouer sa situation.

## À savoir : le phénomène de la double contrainte

Une double contrainte (appelée aussi une injonction paradoxale) désigne deux obligations qui se contrarient en s'interdisant mutuellement, augmentées d'une troisième qui empêche l'individu de sortir de cette situation. En termes de logique, elle exprime l'impossibilité que peut engendrer une situation, où le paradoxe est imposé et maintenu. L'exemple issu d'*Astérix chez les Corses*, au début du chapitre, en est une parfaite illustration. Le légionnaire, pris entre deux options d'égale nocivité (il ne peut ni aimer ni ne pas aimer la sœur du fameux Corse), a le choix entre se faire taper dessus ou… se faire taper dessus. Pire qu'un dilemme cornélien !

Ce phénomène est utilisé par le manipulateur de façon un peu perverse, pour augmenter la sensation d'enfermement (non pas physique mais psychologique) et de confusion chez la personne manipulée. La subtilité est que l'injonction paradoxale peut être explicite ou implicite, ouverte ou cachée. Ce peut être, par exemple, interdire à son conjoint de travailler, tout en lui disant qu'il devrait être plus indépendant. Ou lui dire qu'il peut parler franchement, tout en fixant des limites dans la franchise : « *Parle spontanément, n'aie pas peur, tu sais que tu peux parler librement* » pour ensuite s'exclamer : « *Tu y vas un peu fort, non ?* » ou « *Tu sais que je t'ai demandé de ne pas aborder ce sujet…* » Dans les deux cas, la personne manipulée a le choix entre deux options. D'un côté, ne pas parler, garder sa douleur ou ne pas vraiment dire ce qu'elle pense. D'un autre côté, parler tout en ayant peur des représailles si elle est franche.

## À retenir

### ➢ L'emprise sur l'autre : la condition d'une manipulation sur du long terme

En effet, acquérir du pouvoir sur quelqu'un ne peut qu'augmenter les possibilités de manipulation. Certaines personnes nocives affaiblissent ainsi leurs victimes et détruisent durablement l'estime qu'elles ont d'elles-mêmes. Cette estime de soi, ainsi sapée, favorise encore plus la manipulation.

### ➢ Besoin de cohérence et de relations de confiance

Pour établir des relations saines, il est important de pouvoir compter sur une certaine fiabilité affective, primordiale pour instaurer une relation de confiance. Certains comportements incohérents, inexplicables de la part d'un manipulateur peuvent ainsi fragiliser la relation, mais aussi et surtout la personne qui en souffre.

### ➢ Semer la confusion et le doute

Alterner des périodes calmes et tranquilles avec de véritables ouragans, changer de visage selon que la situation est en privé ou en public, prêcher le faux pour savoir le vrai, proposer des non-choix sans issue sont autant de techniques très efficaces pour obscurcir certains jugements déjà fragilisés…

# Utiliser notre rapport au groupe

*« L'être humain n'a aucun standard de qualité, hormis son besoin d'appartenance. »*

Bernard Arcand

## Un peu de théorie

### Relations sociales, motivations et comportements

Nous avons tous des aspirations, des besoins fondamentaux, des désirs différents selon notre vécu, notre histoire, notre parcours de vie. Ce sont des sources de motivation qui nous amènent à privilégier certains choix, à fréquenter certaines personnes, à nous comporter d'une certaine manière. Nous n'avons pas forcément conscience de ces forces qui nous poussent vers telle ou telle action, mais certaines personnes manipulatrices peuvent très vite et très bien les déceler, afin de s'en servir à leurs fins personnelles.

Notre rapport au groupe, à l'autre en général, est l'une de ces dynamiques qui peut devenir une faille et dans laquelle le manipulateur va s'engouffrer pour mieux nous diriger. Car la construction de notre personnalité se fait notamment, et en grande partie, en fonction des rapports divers que l'on entretient avec le monde extérieur. Ces relations, selon leur degré d'harmonie ou de facilité, laissent ensuite des traces profondes dans notre mental et façonnent notre comportement.

### Vouloir être « comme tout le monde »

Au sein du groupe, nous cherchons un réconfort et une certaine sécurité (voir le concept de « preuve sociale », développé dans un autre chapitre). Ce besoin peut être plus ou moins important selon les individus et les situations.

Cette tendance à nous adapter à notre environnement social est exacerbée chez les personnes peu assurées de leur statut dans le groupe ou qui souhaitent s'intégrer dans un certain cercle. Elles se montreront donc plus influençables. Imaginons que vous soyez expatrié dans un pays étranger, sans connaissance réelle des us et coutumes, et sans contact. Si quelqu'un vous guide sur ce que vous pouvez faire (ou ne pas faire), vous l'écouterez et le suivrez d'autant plus facilement que vous n'aurez aucun autre repère, aucune référence. En outre, vous deviendrez plus ou moins dépendant de lui. Il est donc facile d'imaginer le pouvoir que peut alors détenir cette personne sur vous.

Au quotidien, on retrouve évidemment ces tentatives d'influence, qui ont notamment pour but d'annihiler ou du moins de diminuer notre esprit critique. S'opèrent alors des généralisations sauvages, de façon à justifier tel ou tel comportement : « *Mais voyons, tout le monde le fait !* » Ou encore « *Ce genre de chose est très courant tu sais !* »... C'est ainsi une manière de « dédouaner », de dédramatiser certaines choses en les banalisant. On retrouve ce type de manipulation dans les cas d'incestes par exemple : « *Tu sais, tout le monde le fait, même si personne n'ose le dire, c'est pour cela que ça doit rester secret...* »

Dans des cas moins graves, le témoignage de Ludivine en rappellera beaucoup d'autres :
« *Comme j'ai toujours été assez isolée, ma seule amie était aussi timide que moi, j'ai longtemps eu une expérience très limitée des relations amoureuses ou intimes. Ce n'est pas que je n'en avais pas envie, mais je n'étais pas du style à jouer les allumeuses pour "sortir" avec un mec.*
« *À 20 ans, j'ai rencontré Guilhem dans une soirée organisée par ma sœur aînée, qui est évidemment tout le contraire de moi... J'ai tout de suite senti que c'était un garçon très volage, un don Juan, mais il était*

*tellement séduisant, tellement charmeur ! Ma sœur lui avait parlé de moi et avait certainement dû lui dire que j'étais une vraie "oie blanche". Il m'a tout de suite branchée et a attaqué direct. Très déstabilisée, je me suis laissé faire, assez flattée, et croyant voir dans son jeu. Je savais très bien ce qu'il voulait et je n'étais pas forcément très enthousiaste. En fait, je suis assez idéaliste et je voulais faire l'amour pour la première fois avec "l'homme de ma vie" !*

*« Il m'a eue à l'usure, en affirmant que "ce n'était pas normal qu'une fille de 20 ans soit encore vierge, que tout le monde autour de moi l'avait déjà fait, qu'il fallait bien que je le fasse un jour, que je serais inexpérimentée devant "l'homme de ma vie" et que cela me desservirait"... À force de me répéter cela, il a fini par me convaincre et je me suis dit qu'il avait peut-être raison. Je le regretterai toujours, car il m'a quittée juste après ! Et ça n'a pas arrangé mes relations amoureuses... »*

## Comparer pour mieux dévaloriser

Il est également possible, pour influencer quelqu'un, d'utiliser les autres pour lui faire sentir que, décidément, il n'est vraiment pas à la hauteur. On établira ainsi une comparaison qui lui sera toujours défavorable, pour blesser son ego et faire en sorte qu'il soit plus malléable (ou qu'il réagisse d'une certaine manière). Ce sont, par exemple, des petites phrases assassines, comme : « *Avec Jacques, je n'ai jamais besoin de lui expliquer 150 fois les choses. Avec toi, en revanche...* » Ou bien : « *Tu sais, tous les autres le font très bien, donc, si tu n'y arrives pas, c'est que tu es vraiment nul(le)...* »

## À savoir : publicité et besoin d'appartenance

On ne peut évoquer les techniques de manipulation sans évoquer de près ou de loin la publicité. En effet, celle-ci a pour but d'amener le consommateur à acheter tel produit ou tel service, c'est-à-dire l'amener à faire quelque chose qu'il n'aurait peut-être pas fait naturellement.

Notre besoin d'appartenance est particulièrement exploité dans ce domaine et s'appuie sur des processus d'identification et de projection.

La plupart des publicités sont notamment fondées sur le principe suivant : le consommateur désire faire partie d'un certain groupe social. La stratégie sera donc de conférer à un produit, à un service ou à une marque les signes valorisants et caractéristiques de ce groupe de référence, d'ailleurs souvent « idéalisé ».
Que ce soit pour vendre du parfum, des montres ou des tickets de loto, la technique est la même : mettre en scène des individus (heureux, jeunes, célèbres, bien portants, riches...), sur lesquels il est possible de projeter ses désirs et aspirations : *« Si j'utilise ce produit, j'aurai les mêmes caractéristiques que cette personne : je serai beau, riche, jeune, etc. »*
Une autre technique consiste également à mettre en scène des personnages non pas idéalisés, mais qui justement nous « ressemblent ». Le consommateur aura ainsi l'impression de se reconnaître au travers de ces situations, ces individus, ces comportements. Cela donne une impression de « proximité » avec la marque : *« J'ai les mêmes codes, problèmes, désirs que la personne qui utilise ce produit. Je peux donc l'acheter moi aussi. »*

## À retenir

### ➢ La façon dont nous appréhendons nos relations extérieures est révélatrice de nos forces et de nos faiblesses

En effet, nous avons tous une manière personnelle de concevoir nos relations avec autrui ainsi que notre position dans le groupe auquel nous appartenons. Plus nous désirons intégrer certains « clans », plus nous sommes prêts à faire de concessions pour y arriver.

### ➢ Quand le regard des autres sert à nous manipuler

D'une manière générale, nous sommes enclins à donner beaucoup d'importance à l'opinion, à l'approbation ou la désapprobation de ceux qui nous entourent ou de ceux à qui nous désirons nous identifier. Il est donc facile d'utiliser cette tendance pour nous influencer.

### ➢ La publicité… ou l'art de rendre nos désirs accessibles !

Nous désirons faire partie de ceux qui sont jeunes ? De ceux qui sont beaux ? De ceux qui ont une vie de famille épanouie ? La publicité n'a de cesse de mettre ces rêves à portée de main… en conférant au produit en question les caractéristiques du groupe social auquel nous voulons appartenir. Posséder tel produit, c'est vivre, enfin, un peu de ce rêve…

# Manipuler l'information

*« Bien informés, les hommes sont des citoyens.*
*Mal informés, ils deviennent des sujets. »*

Alfred Sauvy

## Un peu de théorie

### De l'automanipulation…

Les informations représentent ici tous les stimuli auxquels notre cerveau est confronté chaque jour, et qui nous permettent de prendre des décisions, de faire des choix, de nous engager dans certains processus… Bref, de vivre en tant qu'être humain. Aucune information n'est anodine, puisque chacune d'elle influence forcément nos opinions et nos comportements.

Pour gérer, assimiler, intégrer et réagir à toutes ces informations, nous mettons en place certains processus cognitifs (processus de la pensée), conditionnés et limités par certains « filtres », processus cognitifs et filtres étant intimement liés.

### Nos filtres personnels

Nous avons tous une vision différente, mouvante et personnelle du monde qui nous entoure. En fait, chacun évolue dans sa propre réalité… subjective ! Mais pourquoi ?

Nos différences et les filtres qui en découlent proviennent premièrement de notre enveloppe corporelle : nos cinq sens, selon leurs défaillances ou leur acuité, nous forcent à sélectionner les informations. D'autres filtres se mettent également en place selon notre vécu, nos expériences, et vont modifier notre rapport à la réalité. Que l'on soit orphelin ou membre d'une famille unie, ouvrier ou aristocrate, indien ou anglais, nous sommes prisonniers de notre culture, de notre statut social ou de notre famille. Enfin, nos humeurs passagères, notre état émotionnel ainsi que la conjoncture, c'est-à-dire notre situation à un moment donné, sont encore d'autres filtres qui nous empêchent d'être totalement « objectifs ». Ainsi, une même phrase sera interprétée différemment selon qu'elle est prononcée par notre patron ou notre conjoint.

## Les processus cognitifs qui influencent notre jugement

Selon les théories de la PNL, la programmation neurolinguistique (un ensemble de techniques et de modèles de développement personnel, notamment utilisés pour expliquer notre comportement quotidien), trois processus cognitifs vont modifier l'interprétation des informations qui parviennent à notre cerveau, informations qui, rappelons-le, nous arrivent déjà « incomplètes ». Ces processus ne sont ni « bons » ni « mauvais » : ils se combinent pour modeler nos pensées et nos opinions, nos « cognitions » donc.

Nous allons les décortiquer un à un, dans un souci de clarté.
Imaginons que vous ayez eu un accident de voiture entre Brest et Rouen. Le premier processus qui entre en jeu pour interpréter cet événement s'appelle la distorsion. Vous penserez par exemple que vous avez eu cet accident parce que vous êtes vraiment étourdi(e) : c'est la raison pour laquelle vous avez oublié de mettre votre clignotant. La distorsion amène à déformer ce que nous percevons, afin que notre représentation de « la réalité » soit plus conforme à nos croyances. Vous savez que vous êtes tête en l'air et il est donc normal que vous ayez eu cet accident.
Le deuxième processus cognitif utilisé est la généralisation. Vous en déduirez maintenant, puisque vous avez eu un accident, que la route entre Brest et Rouen est dangereuse et vous demanderez à vos proches d'être plus prudents quand ils emprunteront ce chemin. Généraliser conduit à considérer que ce qui s'est produit une ou plusieurs fois se reproduira, devient une « généralité ». Nous construisons ainsi nos croyances, car cela nous aide également à prévoir le futur.

Le troisième processus cognitif possible est la sélection. Bizarrement, vous « capterez » toutes les informations ayant trait à cette route, et notamment les accidents. Vous vous direz alors que cette route est réellement dangereuse : la preuve, il y a eu d'autres victimes ou blessés. Vous ne capterez et ne retiendrez que les informations qui renforcent votre croyance… en omettant soigneusement les autres !

## La vraie manipulation !

Rien n'empêche quiconque d'opérer les trois processus précédents à votre insu et de vous livrer ensuite une information modifiée, voire erronée, pour vous pousser à adopter un certain comportement. Nous le faisons d'ailleurs tous et, dans la grande majorité des cas, de façon inconsciente. C'est évidemment différent quand cela devient intentionnel : donner de mauvaises informations sciemment vous confère un avantage certain…

Voici un exemple. Anna est vendeuse dans une boutique de vêtements. Elle se méfie de Rosyne, une de ses collègues, sans raison particulière mais assez pour lui battre froid. Comme on dit, elle ne la « sent » pas. Claire, une intérimaire qui aimerait être engagée en CDI, et quelque peu manipulatrice, a remarqué cette situation. Son but est de faire partir Rosyne pour tenter de prendre sa place.

Elle peut ainsi dire à Anna, qui l'aime bien et qui a la confiance et l'oreille de la DRH : « *Je sens bien que vous n'aimez pas trop Rosyne et je l'ai également vue me regarder avec un regard bizarre.* » C'est une première distorsion. Ensuite, elle pourrait très bien enchaîner ainsi : « *Moi, de toute façon, je ne fais pas confiance à ces filles de la banlieue. Ce sont toutes les mêmes !* » Cela sera évidemment une généralisation (sauvage et abusive…). Enfin, Claire pourrait uniquement rapporter à Anna les informations susceptibles de renforcer sa méfiance, déjà accrue : les erreurs de caisse, les mauvais rangements, les mots un peu vifs… Claire sélectionnerait donc les événements qui étayent la croyance d'Anna… En procédant ainsi, nul doute qu'elle arrivera à semer la zizanie…

## À savoir : une autre technique pour manipuler l'information : l'omission !

La distorsion, la généralisation et la sélection ne sont pas les seuls moyens pour manipuler l'information. On en oublie justement un de taille… l'omission ! Ne pas communiquer certaines informations, ou les délivrer de manière incomplète, peut être très utile pour manipuler autrui !

Certains professionnels utilisent notamment la technique de l'amorçage afin de pousser leurs clients à consommer plus.

Vous devez acheter une voiture. Dans un garage, vous trouvez une voiture d'occasion qui vous plaît bien à 4 300 euros. Le vendeur, bien formé, vous propose « à tout hasard » une autre voiture à 4 600 euros, mais qui bénéficie de 1 an de garantie gratuite. Vous décidez donc de prendre cette dernière voiture. Au moment de signer le contrat, un autre vendeur vous informe que, malheureusement, cette offre était réservée aux vingt premiers clients, qu'elle n'a plus cours maintenant… mais que la voiture reste au même prix ! Le premier vendeur était au courant de cette « nouvelle » fâcheuse mais s'est bien gardé de vous le dire ! Malgré ça, tout porte à croire que vous achèterez quand même cette seconde voiture… alors que c'est pourtant seulement la garantie qui avait motivé votre choix !

L'amorçage est une technique qui fait donc bien appel à l'omission d'informations importantes : si vous aviez su que vous n'aviez pas droit à cette garantie gratuite, vous auriez pris la voiture la moins chère. Précisons cependant que l'amorçage n'est efficace que s'il s'appuie aussi sur l'effet d'engagement : vous avez finalement décidé de prendre la seconde voiture et il devient très difficile pour vous de changer d'avis…

## À retenir

### ➢ Nous possédons tous des filtres différents

En effet, les stimuli extérieurs ne nous arrivent pas de la même façon, car notre perception dépend des filtres personnels mis en place au cours de notre vie. Ces filtres nous permettent de faire une première sélection, sans quoi nous serions par ailleurs submergés d'informations inutiles.

### ➢ Nous ne traitons pas l'information de la même manière

Nous sommes tous enclins à modifier les informations de manière qu'elles correspondent à nos croyances. Deux personnes peuvent donc tirer du même événement deux conclusions complètement différentes… Et heureusement !

### ➢ Certaines personnes peuvent sciemment modifier les informations qu'elles vous délivrent

Cela se fait déjà d'une façon inconsciente par tout le monde. Mais cela devient plus grave quand ce processus s'opère de façon consciente et dans le but de vous manipuler.

# Dépendance et culpabilité

*« Le secret d'une autorité, quelle qu'elle soit, tient à la rigueur inflexible avec laquelle elle persuade les gens qu'ils sont coupables. »*

Raoul Vaneigem

## Un peu de théorie

### La conséquence du principe de réciprocité

Rappelons ce qu'est le principe de réciprocité. Il peut se résumer au travers du classique « donnant, donnant ». Cette règle est primordiale, car c'est la base de rapports sociaux apaisés et productifs : c'est une loi morale fondamentale, un des piliers des sociétés humaines, quelles qu'elles soient. C'est, par exemple, une des raisons pour lesquelles vous aurez du mal refuser un cadeau, car il est « malséant » de refuser un présent à quelqu'un, et c'est aussi la raison pour laquelle vous « devrez » en faire un à votre tour, même si rien ne vous y oblige.

### Créer la dépendance pour amener à la culpabilité

Ce principe étant fortement ancré en chacun de nous, il peut être utilisé à des fins personnelles, voire destructrices. C'est ici que la manipulation prend tout son sens : on reproche à l'autre de ne pas donner autant que l'on donne, on fait en sorte qu'il se sente redevable d'une dette, financière, morale, affective…

Certaines personnes sont extrêmement habiles pour faire culpabiliser les autres. Le principe est toujours le même. Sous couvert d'une certaine « générosité », le manipulateur offre ses services, son aide, une attention soutenue ou beaucoup d'amour. Il va se rendre particulièrement serviable, aimable, par la flatterie, la courtoisie, la

générosité… Il place ainsi ses pions pour mieux asservir sa victime. Cette dernière finit souvent par se sentir redevable, bien qu'aucune attente n'ait été clairement exprimée.
Cette générosité sert notamment à créer une certaine dépendance avec la personne aidée : il est difficile de refuser de l'aide quand on en a besoin… Mais il est difficile aussi de refuser la sienne quand l'autre la demande, sans s'entendre dire : « *Après tout ce que j'ai fait pour toi, tu exagères vraiment !* » La faute, la responsabilité repose ainsi sur la victime, alors piégée.

## Le sentiment de culpabilité sur le long terme

Le sentiment de culpabilité, et non la culpabilité elle-même, est essentiellement subjectif. Certaines personnes le ressentent très souvent, d'autres très rarement. Il est certain que ceux ayant une faible estime d'eux-mêmes, entretenus dans cette disposition par leurs parents ou leurs proches, auront plus de facilité à le ressentir. Ce mal-être constant, dont les émotions dominantes sont la honte, la tristesse, voire le dégoût de soi-même, peut se révéler fort handicapant s'il fait partie de la structure mentale d'un individu. Car il peut être aussi utilisé par des personnes sans scrupule… En effet, le sentiment de culpabilité empêche l'individu de s'affirmer correctement : il développe souvent des comportements de « sacrifice » exagéré, pour s'acquitter sans cesse de sa « dette ».
Les comportements suivants sont souvent attachés à un fort sentiment de culpabilité. L'individu se sent « indigne » et a du mal à s'octroyer du temps libre, voire tout simplement du plaisir. Il pense ne pas le mériter. Même chose au niveau affectif : il peut très bien choisir un conjoint qui ne lui convient pas, pour se « punir »… Conjoint qui peut, évidemment, être manipulateur et profiter de cet état de fait.
Il parle souvent des devoirs qu'il a envers les autres, oublie ses droits propres et s'accable de reproches s'il pense ne pas pouvoir les assumer. Par exemple, il a beaucoup de mal à dire non, même si la demande

semble abusive. Sous couvert d'altruisme, il nie aussi et surtout son besoin de liberté individuelle, de repos et de tranquillité. Enfin, ce sentiment de culpabilité peut également le faire échouer à des examens ou professionnellement… Échecs qui, évidemment, renforceront encore son mal-être et saperont petit à petit une confiance en soi déjà malmenée.

Écoutons Denis, qui essaie de se détacher de son sentiment de culpabilité :

*« Ma mère est morte en me mettant au monde. Ce n'est pas un début très prometteur dans la vie ! Mon père a tout fait pour ne pas "m'en vouloir", mais je me suis toujours senti déplacé, comme s'il eut mieux valu que ma mère vive et que je ne survive pas. D'ailleurs, quand j'étais petit, à chaque rentrée des classes, quand les maîtresses demandaient la profession de mes parents, je disais souvent que ma mère était morte à cause de moi… Il m'arrivait même de m'accuser de fautes que je n'avais pas commises, pour couvrir mes copains ! Je me sacrifiais… On aurait dû m'appeler Jésus !*

*« Encore maintenant, j'ai un grand besoin d'affection et de réassurance, et je crois bien que je ferais n'importe quoi pour combler ce besoin. D'ailleurs, ça marche assez bien en général avec les filles, du moins dans un premier temps : je suis hyper attentionné, très compréhensif, beaucoup dans le dialogue… Mais, à force, je crois qu'autant d'amour les étouffe. Elles me disent toutes qu'elles ne peuvent me donner ce que je veux…*

*Je m'entendais bien avec ma dernière copine. Elle était très directive et j'aimais bien ce côté-là, parce que, dans un sens, ça me rassurait. Mais elle a fini par me tromper avec un de ses collègues. J'aurais pu le lui pardonner, mais elle a préféré partir… Suis-je autant un fardeau ? »*

## À savoir : la technique du « pied dans la bouche »

Certaines techniques d'influence reposent pour beaucoup sur la création d'un sentiment de culpabilité. Elles sont en général employées à des fins plutôt nobles, comme pour les dons à des organismes de charité… L'une d'elles s'appelle notamment la technique du « pied dans la bouche ».

Cette technique repose sur certaines conventions sociales largement acceptées, reproduites par tout un chacun de façon inconsciente et innocente. Ces situations, qui se renouvellent automatiquement en situation sociale, sont appelées des « scripts ». Par exemple, quand vous rencontrez quelqu'un, certains « préliminaires », différents selon les cultures, sont quasi indispensables pour entamer le dialogue et la relation : se serrer la main, s'enquérir de la santé de l'autre, parler de la pluie et beau temps… C'est ce que les Anglais appellent le *small talk* : une discussion sans grand intérêt, qui sert à meubler le temps et à éventuellement introduire le vrai sujet de discussion. Mais ce *small talk* n'est pas aussi anodin qu'il y paraît…

En 1990, le chercheur américain Daniel Howard a mis en évidence l'importance de la phrase d'accroche « *Comment allez-vous aujourd'hui ?* » Nos « scripts » nous commandent la plupart du temps de dire « *Ça va, merci !* » Et c'est ici que se situe l'astuce. L'interlocuteur répond alors : « *Je suis très heureux d'apprendre que vous êtes en bonne santé, car je vous appelle pour venir en aide aux personnes dans le besoin…* » Howard a démontré grâce à plusieurs expériences que cette technique donnait des résultats, en l'occurrence des dons, de 10 à 25 % supérieurs à ceux obtenus en situation classique… Comme quoi, se sentir coupable peut se révéler utile !

## À retenir

### ➢ Le revers de la réciprocité

Il y a peu de situations plus inconfortables que de se sentir redevable envers quelqu'un… Car rendre ce que l'on a reçu fait partie des principes moraux universels, profondément intégrés dans nos cultures.

### ➢ Donner pour mieux manipuler

Rien n'est plus facile que de créer des « dettes », même abusives, pour rendre quelqu'un redevable. Certains manipulateurs ne s'en privent pas au quotidien et culpabilisent ainsi leurs victimes. En utilisant une générosité ciblée, ils deviennent ainsi des créanciers « intouchables » : le débiteur devient alors responsable du non-acquittement de sa dette.

### ➢ La culpabilité : le terreau idéal de la manipulation

Les personnes qui se sentent facilement coupables sont en règle générale les plus faciles à manipuler, car elles pensent souvent devoir se sacrifier pour les autres, au mépris de leur propre bien-être… Quand elles n'essaient pas directement de se punir de leurs « fautes » !

# Manipulation et jeux psychologiques

*« Dans le jeu, on n'est pas libre, pour le joueur le jeu est un piège. »*

Milan Kundera

## Un peu de théorie

### Le triangle dramatique de Karpman

Un jeu psychologique est une notion notamment issue de l'analyse transactionnelle, un ensemble de théories expliquant les types de personnalités et de communications entre les individus. Un jeu psychologique implique au moins deux personnes, voire trois. Il repose sur une relation répétitive et souvent involontaire entre les « joueurs », qui engendre souvent des tensions et des émotions négatives.

Le jeu psychologique le plus connu est le triangle dramatique de Karpman, qui inclut trois joueurs et donc trois rôles : le sauveur, le bourreau (ou le persécuteur) et la victime. Selon les situations, les interlocuteurs et les personnalités, tout le monde a tendance à préférer l'une des positions. Chaque position a un certain intérêt, appelé en psychologie « bénéfice secondaire » : plus de pouvoir, plus d'aide de la part des autres, etc. Chaque position, victime, bourreau ou sauveur, induit également une façon de manipuler l'autre, pour retirer du jeu le plus de bénéfices secondaires possible.
Il est important de noter que, malgré les « affinités » de chacun envers l'une des positions, nous pouvons très bien jouer les trois rôles tour à tour, de façon inconsciente.

### La manipulation dans les mains du bourreau

Le bourreau est souvent une personne qui cherche à se valoriser. Son

attitude habituelle consiste très souvent, afin de « s'élever », à abaisser l'autre. Sa soif de pouvoir, parfois, de reconnaissance, souvent, voire de légitimation – car en réalité il ne se sent pas sûr de lui –, l'amène parfois à manipuler les autres sans vergogne, sans penser aux conséquences et dommages collatéraux occasionnés.
Le bourreau est en fait l'idée générale que l'on se fait d'un manipulateur « méchant ». Il peut utiliser l'humiliation, la moquerie, la rumeur, pour obtenir ce qu'il désire. À sa décharge, c'est presque le joueur le plus « franc », car on voit souvent clair dans son jeu et son objectif est presque évident : avoir le dessus sur les autres. Sa manipulation peut donc se montrer assez grossière, mais aussi se révéler très destructrice. Rappelons-nous cependant que c'est rarement dans le but de détruire l'autre, mais plutôt dans celui de se valoriser aux yeux des autres.

## La victime manipulatrice

Certaines personnes se positionnent volontiers en tant que victimes. Nous connaissons tous des individus, proches ou moins proches, qui disent n'avoir « jamais de chance », que ce soit affectivement, professionnellement ou socialement. Nous n'entendons pas que la malchance n'existe pas, mais certains en font la cause de tous leurs malheurs, sans jamais se remettre en cause, et en accusant parfois même les autres.
Jouer le rôle de victime, si on en accepte les contraintes, peut se révéler relativement confortable. En effet, la victime a deux grandes techniques de manipulation à sa disposition. Elle peut se charger de tous les maux et de toute la misère du monde, cela revient à « s'autoculpabiliser », ou alors rejeter sur les autres ou sur le destin la responsabilité de tous ses malheurs. Le résultat est souvent le même : on la plaint, on la console, on la rassure, ce qui, par un effet de cercle vicieux, la conforte bien dans l'idée qu'elle est une victime. Cela peut aussi lui permettre d'être aidée par des sauveurs qui la prennent en pitié, pour ainsi se décharger d'une grande partie de ses responsabilités.

Mais cela peut aussi amener les bourreaux potentiels à la martyriser encore plus, par exemple en lui faisant la morale et en la « secouant ». Dans tous les cas, le résultat est le même : qu'on la console, qu'on la plaigne, qu'on la sauve ou qu'on la persécute, la victime possède bel et bien un statut de martyr. Et se garde bien de s'en affranchir...

## Le sauveur est-il aussi un manipulateur ?

Le sauveur est celui qui vient aider la victime, soit en la consolant, soit en attaquant le bourreau. Les rôles se renversent alors : le bourreau devient victime du sauveur, qui devient lui-même bourreau...
La touche finale est bien sûr quand la victime devient sauveur de son ancien bourreau devenu victime...
Le sauveur, c'est un peu saint Michel terrassant le dragon... l'efficacité en moins ! Il ne fait que conforter la victime dans sa victimisation (*« Oui, tu as raison, il ne devrait pas faire ça, c'est vraiment un...* »), mais reste un allié souvent peu solide. S'il agit, il agit mal et s'il conseille, il conseille mal également !
Ce statut de sauveur lui permet ainsi d'avoir un peu de reconnaissance de la part de la victime et de créer également un lien de dépendance avec elle, en proposant son « aide » inutile ou refusée par la victime qui ne veut pas sortir de son rôle. Il lui confirme également, par son empressement à l'écouter, qu'elle ne peut attendre de l'attention des autres que par les plaintes, les doléances et les gémissements.
Vous voyez ainsi que le triangle est un jeu complexe, qui a souvent des conséquences plus ou moins désastreuses. Plus il dure, plus ce triangle se renforce et plus il devient difficile d'en sortir sans y laisser des plumes.

## À savoir : faites vos jeux !

Le triangle de Karpman n'est pas le seul jeu psychologique possible. Il en existe une multitude et tous sont caractérisés par les éléments suivants. Les joueurs n'ont pas conscience qu'ils reproduisent sans cesse les mêmes schémas. De plus, les relations interpersonnelles au sein du jeu sont tendues et impliquent des moments de malaise. Paradoxalement, chaque joueur prévoit assez facilement le comportement des autres, mais ne peut s'empêcher de le provoquer, ce qui les renforce tous dans leurs positions et restreint d'autant les issues possibles. On retrouve ainsi souvent des phrases comme : « *Je savais bien que j'aurais dû faire ceci ou dire cela...* » Enfin, tous les jeux impliquent au moins une victime et un bourreau.

Voici quelques jeux possibles :
Le jeu des « défauts » : le persécuteur recherche toujours le moindre petit défaut chez sa victime (une faute de frappe, une cravate mal assortie...). Souvent, ces détails n'ont aucune importance et le sujet de préoccupation réel et important est laissé de côté. La victime, mal à l'aise, se laisse faire, ce qui donne immédiatement l'avantage au persécuteur, qui pense : « *J'ai bien fait de l'attaquer, elle n'est pas capable de se défendre ! Je lui suis supérieur de façon incontestable.* » Ou elle se rebelle, pour devenir bourreau elle-même et rendre coup pour coup.

Le jeu de la consigne piégée : le persécuteur donne de mauvaises consignes, soit exagérément floues, soit trop exigeantes, de façon à ce que sa victime ne puisse les respecter. Sa colère peut alors éclater de façon « justifiée » : sa victime a bien fait une erreur !

## À retenir

### ➢ Les jeux psychologiques : tout le monde y joue

Les jeux psychologiques sont des dysfonctionnements répétés et souvent inconscients dans les relations interpersonnelles. Ils occasionnent très souvent des conflits, qui se nourrissent alors d'eux-mêmes tant que personne ne sort du « jeu ».

### ➢ La victime, le bourreau et le sauveur

Le plus connu de ces jeux psychologiques s'appelle le triangle dramatique de Karpman, qui met en scène trois joueurs : la victime, souvent déresponsabilisée et recherchant de l'aide tout en la sabotant, le bourreau, qui manipule « ouvertement » pour acquérir plus de pouvoir ou de reconnaissance, et le sauveur, qui aide à maintenir la victime dans son statut. Tous manipulent les autres pour obtenir des bénéfices secondaires, c'est-à-dire des avantages liés à leur position dans le triangle.

# Dictature et manipulation

*« Les dictatures fomentent l'oppression, la servilité et la cruauté ; mais le plus abominable est qu'elles fomentent l'idiotie. »*

Jorge Luis Borges

## Un peu de théorie

### Qu'est-ce qu'une dictature ?

Avant de déterminer en quoi un régime dictatorial manipule ceux qui en sont les victimes, il semble important de définir tout d'abord le terme de dictature.

Une dictature, de nos jours, est un régime politique arbitraire et coercitif, dans lequel tous les pouvoirs (législatif, exécutif et judiciaire) sont réunis dans les mains d'un seul homme ou d'un seul groupe d'hommes. Ce pouvoir n'étant pas contrôlé par des instances supérieures, les libertés individuelles n'y sont pas garanties. Souvent, une dictature s'impose et se maintient par la force, soutenue par un ou plusieurs groupes sociaux (militaires, religieux...). En pratique, la dictature s'apparente au totalitarisme, avec un parti et une idéologie uniques, imposés à tous.

Mais par quels moyens un dictateur arrive-t-il à un tel résultat ? Quelles sont les techniques de manipulation les plus couramment employées par ce type de régime ?

### La soumission par la peur

L'instauration d'un climat anxiogène est la première arme d'une dictature. En effet, une personne angoissée, et à plus forte raison un groupe de personnes angoissées, aura un comportement plus primaire, donc plus prévisible qu'une personne non contrainte. Faisant tout pour échapper à son anxiété, elle agira souvent comme on le lui demande.

Il y a plusieurs façons d'instaurer un climat de peur.

Les médias ont souvent un rôle très important dans ce genre de campagne. Ils communiquent alors seulement sur des sujets angoissants : insécurité, chômage, guerres, terrorisme, violences diverses… Chaque peuple possède ses névroses et ses peurs viscérales, et il est alors facile, pour quiconque les connaît, de les activer pour mieux les utiliser.

Les interdictions, nombreuses, abusives et grevant largement les libertés individuelles sont également anxiogènes. Couvre-feux divers, interdictions de chanter, de danser, de s'exprimer ou de se rassembler : il existe mille et une façons de créer des interdits. Parallèlement à ces interdictions, un contrôle minutieux et intrusif s'opère également, que ce soit dans la vie publique ou privée des citoyens, afin de vérifier si leur asservissement est réel ou feint.

Enfin, pour marquer les esprits et décourager les plus virulents, il est également utile de « montrer l'exemple » : exécutions publiques, répressions sanglantes, tortures et autres lourdes peines infligées à ceux qui résistent au régime. Ce sont souvent les garanties d'un peuple soumis ! Comme le disait Mao : « *Punis-en un, tu en éduques cent !* »

## La manipulation de l'information

Comme une dictature s'appuie très souvent sur une idéologie unique, il est important que toutes les informations consacrent cette idéologie. Par exemple, pendant la Seconde Guerre mondiale, le peuple allemand recevait chaque jour des nouvelles du front réjouissantes, même quand l'armée allemande essuyait de lourdes pertes : le nazisme ne pouvait échouer dans sa « mission ».

De même, il n'est pas rare que le passé soit réécrit en fonction du présent : le peuple est amené ainsi à oublier des pans entiers de son histoire, au profit de récits héroïques magnifiant le dictateur ou commémorant un certain âge d'or du pays que l'on s'applique à retrouver. Le révisionnisme est alors de rigueur : les livres d'histoire sont réécrits, les cours contrôlés… Les dictateurs font d'ailleurs souvent beaucoup d'efforts pour enrôler des militants très jeunes, quand

l'individu est encore malléable, comme en témoignent les groupes de la « Jeunesse hitlérienne » de l'époque.
Enfin, la manipulation de l'information implique le maintien du peuple dans l'ignorance : comment développer un esprit critique et être objectif si l'on ne peut accéder à plusieurs sources d'information ? C'est la raison pour laquelle Borges, que nous citons, s'insurge contre la dictature, car l'ignorance (« l'idiotie ») est le terreau idéal des préjugés et de la manipulation.

## L'isolement

La peur et la désinformation participent notamment à l'isolement progressif du peuple. Les entrées et les sorties de personnes, de biens, d'informations, sont limitées et contrôlées. Les frontières comme les esprits se ferment. L'isolement évite les soulèvements : le peuple ne peut comparer sa situation à celle des autres peuples, ce qui rend ainsi la propagande et la manipulation plus efficaces.

## La création d'un coupable

Toute idéologie utilisée dans une dictature tend à créer un ennemi contre lequel il convient de se battre. Cet ennemi, qui tient plus du bouc émissaire que du vrai fautif, peut être trouvé dans les rangs des citoyens (minorités ethniques, politiques ou religieuses, intellectuels et écrivains…), poussant ainsi chacun à la délation, à la trahison, voire à la guerre civile. Mais cet ennemi peut aussi être représenté par un concept ou une idéologie antagoniste, comme, par exemple, capitalisme contre communisme. La manipulation consiste donc à canaliser l'agressivité du peuple pour la diriger vers des « ennemis » soigneusement choisis par les individus au pouvoir.

## À savoir : le rôle du dictateur

Une dictature aurait du mal à se maintenir sans un élément capital : le dictateur. Et pour cause ! Le dictateur personnifie son régime et, pour cela, soigne son image. Il impose souvent le culte de sa propre personne : portraits officiels dans les administrations, mais aussi dans les écoles et les maisons, statues grandioses à chaque coin de rue, discours lénifiants ou incitant à la violence, films de propagande (on pense notamment à Mussolini en train de moissonner)... Le dictateur fait main basse sur tous les moyens possibles pour consacrer sa grandeur et devient omniprésent dans la vie du peuple qu'il dirige, tel un « Big Brother » réel.

Sa gestuelle et son discours sont également étudiés et modifiés de façon à augmenter son charisme. Ainsi, il peut créer un climat de connivence avec son public, paraître sympathique, paternel, rassurant. Il se pose en défenseur de certaines valeurs et parle souvent de façon démagogique, en adaptant son discours au public qui l'écoute.

Enfin, au niveau de sa personnalité, le dictateur est souvent paranoïaque. Sa méfiance est évidemment nécessaire, puisqu'elle lui permet de ne pas se faire manipuler. Mais elle s'exprime surtout dans un contrôle maladif de son environnement : il espionne tout le monde, même ses plus proches collaborateurs. Staline, par exemple, s'impliquait personnellement dans toutes les affaires d'État et pouvait appeler lui-même n'importe quel écrivain, ouvrier ou dirigeant pour le remercier ou le menacer. Cette ingérence extrême contribuait à augmenter la crainte que l'on éprouvait envers lui, ainsi que l'impression de pouvoir que l'on pouvait ressentir en sa présence.

## À retenir

### ➢ Les dictateurs s'appuient forcément sur certaines techniques de manipulation

Comment imposer au plus grand nombre le choix du plus petit nombre ? Comment se maintenir au pouvoir en évitant les rébellions ? Comment asservir le peuple au nom d'une idéologie et au profit d'une poignée d'hommes ? Seule la manipulation insidieuse des masses permet ce phénomène.

### ➢ Soumission et peur

Évidemment, la première chose à laquelle on pense, pour obtenir la soumission des individus, est la manipulation par la peur. Divers moyens sont employés pour augmenter et maintenir un climat délétère : liberté d'expression réduite à néant, contrôles abusifs, interdictions en tout genre…

### ➢ Info ou intox ?

Sous un régime dictatorial, il devient très difficile de différencier la fausse information de la vraie, car cela permet au pouvoir en place de mieux manipuler les foules… rendues crédules par une « vraie » désinformation ! L'ignorance, l'isolement et la division sont les autres armes de la dictature.

# Sectes : séduction et manipulation

*« La manipulation mentale déshumanisante est inhérente à tout système totalitaire. Le nazisme comme le stalinisme furent de formidables manipulations. Les sectes adoptent ces mêmes méthodes avec une diversité de moyens et d'applications. »*

**Bernard Fillaire**

## Un peu de théorie

### Séduire les futurs adeptes

Nous n'allons pas critiquer ici telle ou telle secte, car il n'est pas de notre ressort de juger qualitativement ces groupes d'hommes et de femmes, dont la grande majorité est d'ailleurs de bonne foi. Cependant, force est de constater que de nombreuses sectes connaissent des histoires tragiques, comme les suicides collectifs, ou défrayent la chronique avec des affaires de viol, de pédophilie ou de mariage forcé. Certaines d'entre elles représentent donc un véritable danger et connaître leurs techniques de manipulation ne peut qu'être un atout afin de ne pas tomber dans leurs filets. À vrai dire, les « gourous », particulièrement doués pour la manipulation mentale, l'utilisent sans scrupule pour convertir de nombreux adeptes.

On distingue deux grandes étapes successives dans le recrutement des adeptes : la phase d'approche et de séduction, développée dans ce chapitre, suivie, dans un second temps, de la phase de persuasion et d'aliénation, développée dans le chapitre suivant.

### L'approche

Il est tout d'abord important de savoir « sélectionner » les futurs adeptes. Ceux-ci sont en général plutôt choisis dans les populations en difficulté, qu'il sera plus facile de manipuler en raison de leur plus grande faiblesse ou de leur côté influençable : les personnes âgées ou les ados fugueurs,

les chômeurs ou les personnes pauvres, les personnes endeuillées, voire dépressives. Les individus souffrant d'un certain isolement sont aussi des victimes plus faciles à enrôler.
Ces futurs adeptes sont en général abordés via des moyens détournés, qui leur donnent l'illusion d'agir pour leur propre bien-être, ou pour le bien-être des autres. Ainsi, les sectes proposent des séminaires ou des conférences ayant pour thème la connaissance de soi, le développement personnel, la lutte contre le stress… Elles peuvent également encadrer des activités à but caritatif – ce qui est bénéfique pour leur image de marque – dans le domaine de l'éducation, de la santé, de l'écologie… Les réunions ne sont souvent qu'un prétexte pour rencontrer des personnes susceptibles d'adhérer à leur doctrine.

## Trouver les leviers pour séduire le futur disciple

Une fois que le « poisson est ferré », il est alors facile de trouver des leviers pour le séduire durablement. Les gourous multiplient les promesses et déclarent qu'ils ont bien évidemment les solutions aux nombreux problèmes rencontrés par le futur membre : problèmes d'argent, difficultés relationnelles, solitude, marginalisation, etc.
Dans le même temps, la nouvelle recrue est « bombardée d'amour », le « love bombing » : on lui fait miroiter la vision d'une vie heureuse, entourée de personnes aimantes, dans un foyer chaleureux… On lui fait de grandes déclarations d'amour ou d'amitié. Parallèlement, on la flatte en lui « découvrant » par exemple un potentiel énorme… que seule la secte pourra évidemment faire émerger ! Ces personnes en mal de reconnaissance et d'affection dans le monde réel pensent alors enfin trouver une vraie famille, qui les entourera et les protégera du monde extérieur menaçant.

## Donner le sentiment d'appartenir à une « élite »

La recrue est donc totalement immergée, voire plus ou moins enfermée, dans un monde clos, rassurant, dans lequel elle a le sentiment de faire partie d'une certaine « élite ». En d'autres termes, elle peut rentrer dans la secte car on la considère « digne » d'en faire partie.

La lecture de livres « saints », avec leurs lots de prophéties et de révélations, où la bonne parole est expliquée seulement aux élus, renforce ce sentiment d'appartenance. Le disciple a ainsi l'impression de faire partie de ceux qui vont être sauvés, de ceux qui ont été choisis par le gourou, voire par une entité supérieure. Les vérités extraordinaires, les secrets ainsi que les découvertes dont il est le détenteur lui procurent également un sentiment de toute-puissance et de supériorité face au commun des mortels.

Même les règles en vigueur, parfois contraignantes (couvre-feu, vœu de silence pendant un certain laps de temps, mise au secret...) ne font que renforcer la motivation du futur disciple, qui a parfois manqué de structure et qui est donc en demande d'un cadre sécurisant.

## Agir pour la bonne cause

La grande majorité des personnes faisant partie de sectes disent y avoir adhéré de leur plein gré, sous couvert de leur « libre arbitre », et en ayant l'impression d'agir pour le bien.

En effet, cette notion de bien et de mal est parfaitement utilisée par les gourous, qui demandent à leurs adeptes de défendre leur cause, qui est évidemment la « bonne cause ». Cela permet ensuite d'abolir certaines barrières morales ou éthiques, puisque tout ce qu'ils font est fait pour le bien de leur communauté, voire pour celui de l'humanité... Comment ne pas agir quand on connaît ce noble objectif ? La fin justifie alors tous les moyens : mensonges, menaces, chantages, vols, escroqueries, manipulations...

## À savoir : quand les sectes et le marketing font bon ménage

Certaines sectes sont des « pros » du marketing et n'hésitent pas à se mettre sur le devant de la scène pour augmenter leur renommée, leur image et le nombre de leurs adeptes.

### L'utilisation de « stars »

Comme les marques de chaussures ou de lunettes de soleil, certaines sectes mettent en avant les personnalités charismatiques qui en sont membres. On pense évidemment à Tom Cruise, Katie Holmes, Juliette Lewis ou Isaac Hayes. Certains d'entre eux sont même des membres très actifs et font beaucoup de prosélytisme en faveur de leur secte : Tom Cruise pour l'Église de Scientologie, Madonna pour la Kabbale, un groupe « mystique » d'origine judaïque…

### L'utilisation de la télévision et du réseau Internet

Dans les pays développés, une immense majorité des foyers est équipée d'une ou de plusieurs télévisions (94 % des ménages français possèdent une télévision). Le temps passé devant ce média avoisine les quatre heures par jour. Les sectes utilisent évidemment ce média pour agrandir leur réseau. Aux États-Unis notamment, on ne compte plus les émissions religieuses, où les « miracles », les chants et le charisme du gourou invitent chaque spectateur à montrer sa foi…

Parallèlement, le développement exponentiel d'Internet a beaucoup favorisé les sectes, ce moyen de communication ayant même l'avantage d'être quasi exempt de tout contrôle… Ainsi, les sites en faveur de telle ou telle secte se multiplient rapidement (en même temps d'ailleurs que les sites luttant contre ces mêmes sectes), touchant des populations de plus en plus diverses.

## À retenir

### ➢ L'utilisation de moyens détournés

Les sectes recrutent leurs futurs adeptes en les sélectionnant soigneusement parmi certaines populations, plus sensibles et influençables. Pour cela, elles organisent souvent des réunions, des conférences ou des séminaires sur des thèmes bien définis (développement personnel, tests de personnalité…), qui attirent des individus à la recherche de réponses.

### ➢ L'opération séduction

La première approche est suivie par la mise en place d'un environnement très rassurant, voire idyllique. Le futur disciple devient le centre d'attention de la communauté tout entière, dans laquelle il est intégré le plus rapidement possible.

### ➢ La création d'un fort sentiment d'appartenance

La recrue a ainsi l'impression d'être enfin reconnue à sa juste valeur, d'avoir une véritable importance aux yeux de sa communauté d'adoption : l'individu est « choisi ». Son besoin de reconnaissance est ainsi largement comblé. Il devient alors de plus en plus dépendant de son nouvel environnement.

# Sectes et dépendance

*« Le pouvoir ne rapporte pas à celui qui sait ; il va à celui qui croit qu'il sait et est capable de persuader les autres. »*

John Kenneth Galbraith

## Un peu de théorie

### Un « lavage de cerveau » ?

Nous avons vu dans le chapitre précédent comment les sectes opéraient pour approcher et séduire leurs futurs disciples. Dans ce chapitre, nous allons voir quels moyens elles utilisent afin de rendre les adeptes dépendants et soumis à leurs gourous et à leurs doctrines.

Ces techniques, que l'on appelle souvent des « lavages de cerveau », sont extrêmement puissantes, puisqu'elles amènent, dans certains cas, à la mort de l'adepte, notamment dans les cas des suicides collectifs... Rappelons que l'expression « lavage de cerveau » vient de l'expérience de militaires américains lors de la guerre de Corée, torturés tant psychiquement que physiquement...

### Annihiler tout esprit critique et éviter les questions gênantes

L'introspection individuelle n'est pas particulièrement encouragée, car elle peut amener des questionnements et des critiques par rapport à la doctrine professée. Il est d'ailleurs souvent enseigné qu'il est vain, pour l'adepte lambda, de raisonner sur les tenants et les aboutissants de cette illumination, puisque cette révélation explique tout... même les doutes des adeptes un peu trop critiques ! L'effet puits est ici utilisé à volonté et la « vérité » ou la « révélation » est souvent suffisamment vague pour expliquer tout et n'importe quoi. Certaines sectes n'hésitent d'ailleurs pas à créer de faux miracles, de faux témoignages ou de fausses preuves pour convaincre les disciples récalcitrants.

Découvrons le témoignage d'Élodie :
*« Il y a cinq ans, je venais de me séparer de mon mari et j'étais un peu déboussolée. J'ai toujours été intéressée par le développement personnel et je suis allée voir une conférence sur le sujet pour me changer les idées. L'orateur était très charismatique, très beau aussi, on était comme envoûté par ce qu'il disait. Mais, à un moment, le charme s'est rompu à cause d'une remarque que je trouvais bizarre, sur l'avortement et le mariage... J'ai passé le reste de la conférence à me demander comment j'avais pu me laisser embobiner pendant une heure ! Et je me suis aperçue que j'étais tombée dans une réunion vraiment étrange ! Du coup, je me suis donné un malin plaisir à poser des questions embarrassantes... « Mais comment savez-vous cela ? » « Avez-vous des preuves de ce que vous dites ? »... À la fin de la conférence, une personne du staff est venue me voir et m'a gentiment mais fermement demandé de partir pour ne plus revenir... Je suis sûre que c'était une secte qui venait recruter de nouveaux adeptes... »*

## Remplacer l'individualisme par le communautarisme

La notion de communauté est primordiale lorsque l'on parle de sectes. En effet, le groupe, pour pouvoir fonctionner, doit se montrer très soudé, porté vers un même but et poursuivant le même idéal. La secte utilise la tendance naturelle de l'homme à se conformer aux règles d'un groupe pour en devenir membre (le besoin d'appartenance). L'individu devient de plus en plus dépendant de sa communauté, quelquefois au mépris de sa propre personnalité, de ses propres émotions et de son esprit d'initiative propre. Une personne trop indépendante et trop active intellectuellement serait dangereuse pour l'harmonie générale.
Dans la même optique, les membres du groupe sont infantilisés, souvent sous prétexte d'humilité : ils doivent par exemple demander l'autorisation pour des actes anodins, comme aller aux toilettes, se promener, faire des courses... Cela a pour effet d'augmenter encore leur dépendance au groupe et les conditionne également à obéir aveuglément à la hiérarchie, le gourou ou une autre personne faisant figure d'autorité.

## Changer les repères et les valeurs

Très souvent, l'adepte a la possibilité de « renaître ». On lui donne un nouveau nom, une nouvelle famille, de nouvelles valeurs… Bref, une nouvelle identité. Son ancienne identité et son comportement précédent sont ainsi conspués et critiqués. Il est invité à changer de rythme et d'hygiène de vie. Il épouse ainsi plus facilement les nouvelles valeurs et règles de la communauté.

## Favoriser le déracinement

Les personnes isolées sont évidemment les plus manipulables, puisque personne n'est là pour s'apercevoir qu'elles rentrent dans une secte. Mais les sectes sont aussi très habiles pour provoquer des séparations et isoler leurs victimes. La rupture avec le milieu d'origine est souvent obligatoire ! Sans elle, pas de pureté, pas de renaissance, pas de confiance…

D'ailleurs, il n'est pas rare que la victime s'isole d'elle-même, affirmant à ses proches « qu'ils ne peuvent pas comprendre sa nouvelle vie ». Les inquiétudes et accusations de l'entourage, qui dénonce les nouvelles activités ou amitiés de la victime, deviennent des calomnies et ne font que creuser le fossé entre l'adepte et son entourage.

La secte a souvent d'ailleurs des théories très élaborées sur des complots qui viseraient leurs membres ou leurs gourous. Toutes les attaques sont ainsi considérées comme faisant partie d'un complot. Ces allégations permettent notamment de rapprocher les membres pour lutter contre l'adversité.

## À savoir : le rôle du gourou

Le profil psychologique du gourou se rapproche finalement beaucoup de celui du dictateur. Il est très souvent extrêmement charismatique, très brillant, voire d'une intelligence supérieure. Il sait élaborer des raisonnements très structurés, bien articulés, qui seraient même crédibles s'ils ne reposaient pas sur des bases délirantes. Car le gourou est aussi mégalomane : il est au minimum le « prophète », le « messager divin » ou « l'élu », qui répand la bonne parole au monde entier ou, à défaut, à son cercle d'initiés… Cette aura surnaturelle, parfois divine, qu'il se donne est très souvent la base de son autorité : il est le seul à détenir la « vérité », ou du moins le seul à pouvoir la transmettre ! On lui doit donc respect et obéissance.

Une des forces du gourou est surtout d'être très fin psychologue. Il sait trouver d'emblée la parole qui rassure ou qui choque, ou encore les fragilités que l'on essaie de cacher, afin de s'en servir. Il utilise avec maestria les techniques de manipulation qui vont désarçonner et désorienter les disciples, pour pouvoir, une fois qu'il les a déstructurés, les façonner à sa guise.

Enfin, le gourou finit souvent par devenir complètement paranoïaque. Son complexe de persécution grandit avec le temps, le nombre d'adeptes et le nombre d'attaques contre sa secte, ces dernières ne faisant que conforter sa paranoïa. Lui-même peut même finir par se convaincre qu'il est chargé d'une véritable mission.

## À retenir

### ➢ Augmenter la dépendance au groupe

Par divers moyens, la communauté finit par vampiriser la personnalité du nouveau disciple, qui finit par se fondre complètement dans les principes, les doctrines ainsi que les règles imposées. Pour lui, seule la communauté peut le comprendre, le protéger, le nourrir… D'ailleurs, la jeune recrue est souvent isolée de son entourage et de ses proches, qui, faisant partie du monde extérieur, risqueraient de lui ouvrir les yeux…

### ➢ Détruire l'esprit critique

Le gourou recherche la totale soumission de ses disciples, qui sont alors conditionnés pour lui obéir. Infantilisés, désorientés, ces derniers perdent leurs valeurs d'origine pour adopter celles de leur secte, qui sont aussi celles de leur gourou. Ces « valeurs », soumission à l'autorité, obéissance…, contribuent encore une fois à nier l'individualité de chacun au profit du groupe.

# Le pervers narcissique : petite définition

*« La perversion, ça consiste à retourner toutes les valeurs et à appeler mal ce qui est bien ou noir ce qui est blanc. »*

Michel Tournier

## Un peu de théorie

### Le pervers narcissique : une notion trouble

Un pervers narcissique est, comme son nom l'indique, un individu atteint de perversion narcissique. Deux grands éléments sont importants dans cette définition.

La perversion, d'abord, est définie par la psychanalyse comme une organisation psychique, un mode de pensée, qui utilise le mode relationnel pour assouvir ses pulsions par des actes opérés aux dépens des autres et sans éprouver la moindre culpabilité. En d'autres termes, le pervers est une personne dont la seule préoccupation est d'assouvir ses désirs, sans penser aux conséquences et dommages collatéraux pour les autres. Évidemment, il utilisera sans scrupule l'emprise et donc la manipulation pour arriver à ses fins.

Le narcissisme est, à la base, l'amour que l'on porte à soi-même. Par extension, il désigne également la trop grande importance que l'on s'accorde à soi-même et à son image. Une personne narcissique, dans le langage courant, est d'ailleurs considérée comme arrogante et hautaine, faisant peu de cas des autres. Elle est souvent dans l'apparence et privilégie la forme au fond.

Les deux termes, « pervers » et « narcissique », sont évidemment très péjoratifs et il convient donc de les manier avec prudence. Il serait trop facile de qualifier n'importe qui de ces noms d'oiseau ! De plus, le terme de « pervers narcissique » fait encore polémique, et les psychiatres et

psychologues eux-mêmes ne s'accordent pas toujours sur sa définition !
Nonobstant ces querelles de clocher, il est quand même possible de définir de grandes lignes quant aux comportements caractéristiques de ce type de structure mentale.

### Une haute image de soi

Le pervers narcissique a très souvent une très haute image de lui. Il ne le montre néanmoins pas forcément, car un comportement trop arrogant peut se révéler contre-productif dans l'atteinte de ses objectifs. Intérieurement, il a, malgré les apparences, un sens aigu de sa propre importance et pense très souvent être unique en son genre, spécial, différent… En un mot, supérieur aux autres ! Par exemple, il peut très bien demander (ou exiger) des avantages ou des faveurs aux autres, sans forcément rendre la pareille – le principe de réciprocité n'existe pas avec lui ! – puisqu'il pense que ces faveurs et ces avantages lui sont dus !

### Un déni total

Comme le paranoïaque, dont il emprunte quelquefois certains traits, le pervers narcissique, ayant une si haute opinion de lui-même, ne peut se rendre compte de son comportement. Pour lui, le souci, ce sont les autres, jamais lui ! Il est donc extrêmement difficile de le mettre face à son problème, car il pense ne pas en avoir. C'est une des raisons pour lesquelles il a tendance à faire culpabiliser les autres au lieu de se remettre en cause. Le pervers narcissique a en effet la particularité d'éviter les conflits intérieurs, comme les remords ou les scrupules. Son mécanisme de défense consiste à extérioriser ses conflits en en imputant la responsabilité à quelqu'un d'autre.

### Utilitarisme relationnel et déshumanisation de l'autre

Le pervers narcissique vit pour assouvir ses pulsions. Il est donc prêt à tout pour y arriver. De fait, il est normal qu'il considère ceux qui l'entourent comme des pions, qu'il déplace au gré de ses besoins. Si une personne lui est utile à un moment donné, il fera bonne figure avec elle le temps nécessaire à l'assouvissement de sa pulsion, pour ensuite la renvoyer sans ménagement, puis l'oublier.

## Manque d'empathie

Ce qui caractérise le pervers narcissique est un total manque d'empathie : faire souffrir les autres ne l'affecte absolument pas car cela fait partie de son « plan ». Toutefois, il peut faire preuve d'une relativement bonne intelligence émotionnelle. Il sait très bien reconnaître un état émotionnel chez l'autre pour s'en servir, voire « mimer » des émotions qu'il n'éprouve pas, selon les circonstances. Mais l'attachement, l'amour même, reste pour lui le défaut des faibles. Dont il ne fait évidemment pas partie !

## Instrumentalisation des autres

La manipulation exige évidemment beaucoup de mémoire et surtout énormément de sang-froid. Et le pervers narcissique en est bien pourvu : ce ne sont pas les émotions qui lui feront perdre la tête !

Il utilise la manipulation car elle présente, pour lui, deux avantages. Premièrement, elle est jouissive ! Il pense souvent : « *Ce n'est pas ma faute si cette personne est idiote et qu'elle ne s'aperçoit pas de ce que je fais !* » Ou alors : « *Il mérite bien ce que je lui fais !* » Il peut donc éprouver un véritable plaisir à tromper les autres, en se moquant, entre autres choses, de leur manque de clairvoyance.
Deuxièmement, manipuler autrui lui permet d'échafauder des hypothèses, de jouer avec les émotions des autres et de tester leurs limites, d'élaborer des plans qu'il s'amuse ensuite à modifier ou détruire selon ses envies et les situations. Le pervers narcissique est un joueur invétéré.

## À savoir : la genèse d'un pervers narcissique

S'il est difficile de déterminer exactement pourquoi un individu devient « pervers narcissique », on peut toutefois faire des hypothèses sur la genèse d'une telle structure mentale, en prenant appui, dans un premier temps, sur le processus « normal » de construction d'un individu.
Nous nous construisons tous au travers des liens que nous tissons avec les personnes de notre entourage. Ces relations aident l'enfant à se structurer, à se développer, à grandir. C'est la qualité de ces liens, c'est-à-dire la bonne communication avec autrui et la sécurité affective qu'éprouve l'enfant, qui déterminera la bonne organisation de sa personnalité.

On peut ainsi dire sans trop se tromper que l'enfant qui devient un pervers narcissique peut avoir vécu des liens affectifs familiaux nocifs, c'est-à-dire peu équilibrants ou présentant des carences quant à certaines qualités sociales primordiales, comme l'empathie, la réciprocité, la tolérance… Les parents peuvent par exemple avoir énormément investi l'enfant, sans forcément l'avoir aimé au sens inconditionnel du terme. Nous pouvons prendre le cas de parents qui gâtent outrageusement leurs enfants, sans jamais leur montrer leur amour autrement que par des cadeaux. Nous pouvons également prendre l'exemple de parents divorcés, chacun des parents demandant à l'enfant de l'aimer plus que l'autre. Soumis à des injonctions ou à des choix terribles, l'enfant peut réagir en se détachant de ses émotions et de ses sentiments, trop difficiles à supporter, et en se « construisant » plusieurs personnalités suivant les désirs des autres… L'enfant apprend alors à obtenir ce qu'il veut, en laissant de côté ses émotions. En résumé, il apprend à manipuler, et non à aimer.

## À retenir

### ➢ La perversion narcissique : un mélange détonnant et encore polémique

La perversion et le narcissisme sont deux notions acceptées par les psychologues et les psychiatres, mais la perversion narcissique est un type de structure mentale encore sujet à caution. Cependant, il est utile d'en parler ici pour mieux appréhender ce concept et ne pas l'utiliser à tort.

### ➢ Un mégalomane calculateur

S'il reste une image dans notre esprit, après avoir lu la définition d'un pervers narcissique, c'est bien celle-ci ! Sans tomber dans la caricature extrême, il demeure cependant que ce dernier a une très haute opinion de lui-même, ainsi qu'une très mauvaise opinion des autres, ce qui lui permet de ne pas se remettre en cause personnellement et d'en souffrir. Après tout, ce n'est pas de sa faute si les autres sont idiots…

# Le pervers narcissique en couple

*« L'enfer est un cœur vide. »*

Khalil Gibran

## Un peu de théorie

### Le pervers narcissique… en couple ?

Au regard de la description de la personnalité du pervers narcissique, il est évident que personne n'aimerait être pris dans ses filets. Cependant, sa capacité de dissimulation est proportionnelle à sa capacité de nuisance ! Il est très habile pour trouver un conjoint, qu'il peut manipuler à sa guise avant de le laisser « en miettes », puis s'en prendre à quelqu'un d'autre. Alors, comment reconnaître un pervers narcissique quand on a le malheur d'en être la victime ?
Précisons que celui-ci n'est pas forcément un homme et que le masculin est uniquement employé dans un but pratique. Les hommes n'ont pas l'exclusivité des sévices psychologiques.

### La « vampirisation » de l'autre

Les pervers narcissiques, de par la construction très déséquilibrée de leur personnalité, souffrent en fait d'un sentiment de vide qu'ils ne peuvent s'avouer, mais qu'il leur est nécessaire de combler en se servant des autres. En conséquence, ils envient, voire ils haïssent ceux qui savent profiter du moment présent, donner gratuitement, aimer… Leur but est alors de s'approprier ces qualités pour « remplir leur propre vide » et maintenir aussi une image positive d'eux-mêmes. Cette appropriation s'opère évidemment au détriment de la victime, qui se trouve dépossédée de ses qualités. Le pervers narcissique va même plus loin, puisqu'il échange les rôles et finit souvent par convaincre sa victime que c'est elle la seule responsable de tout ce gâchis.

## Séduction et destruction

On peut se demander comment un pervers narcissique peut faire autant de mal à un individu, sans que ce dernier se rebelle ou se rende compte de l'imposture. La grande force du pervers narcissique est qu'il prépare le terrain avec soin, en instaurant, dès le début, une dépendance affective nocive. Il alterne ainsi des phases intenses de séduction et de destruction.

Dans un premier temps, le pervers narcissique est évidemment prudent : il se montre sécurisant, avenant, souriant… C'est le gendre (ou la bru) idéal(e) ! La victime, parfois peu sûre d'elle, mais souvent admirative, tombe sous le charme. Puis arrivent les premiers incidents : une phrase blessante, un regard meurtrier, une réaction inattendue ou violente… Mais ils sont toujours suivis de moments agréables, où le pervers agit « comme si de rien n'était » et où la victime se demande si elle n'a pas rêvé ces scènes pénibles. Est-ce bien la même personne, celle qui était insultante la veille et qui maintenant est douce comme un agneau ?

## La victime (presque) consentante

Cette incohérence de surface, le côté adorable/odieux, est pernicieuse, car la victime pardonne beaucoup plus à son bourreau s'il se montre gentil de temps en temps… Ainsi, le « souffre-douleur » tolérera plus facilement les brimades, insultes et autres comportements injurieux, et sera prêt à tout pardonner pour quelques moments plaisants, généralement de plus en plus rares…

En effet, le pervers narcissique est très habile pour chercher en priorité des conjoints influençables, sur lesquels il pourra établir une vraie domination mentale. Il s'attaque ainsi plus volontiers à des personnes ayant déjà une forte propension à culpabiliser, ou possédant un grand instinct protecteur. Il lui est ainsi plus facile de les séduire et de les manipuler en jouant sur cette corde sensible.

Le pervers narcissique peut très bien par exemple exprimer des demandes, mais il s'arrange paradoxalement pour que sa demande ne puisse pas

être satisfaite. Soit la demande dépasse les capacités de l'autre, le pervers en profite alors pour taxer l'autre personne d'impuissance ou de mauvaise volonté avec des « *Quand on veut, on peut* ». Soit la demande se fait au mauvais moment, quand l'autre ne peut pas y répondre et engendre alors un « *Tu n'es jamais là quand j'ai besoin de toi* », par exemple. Ainsi, le pervers narcissique se place lui-même dans la position de la victime, plaçant l'autre dans le rôle du bourreau, et sollicite lui-même le rejet pour mieux jouer le jeu du laissé-pour-compte.
Écoutons François :
« *Après avoir passé trois ans avec Fany, j'avais l'impression de n'être plus capable de combler ses besoins. Pourtant, j'avais toujours eu à cœur d'être quelqu'un d'attentionné, de prévenant, mais, avec elle, je n'en faisais jamais assez ! Elle me reprochait sans cesse mon manque de disponibilité à cause de mon travail, tout en me taxant presque de radinerie si je ne l'emmenais pas en week-end à la mer… week-end pendant lequel elle se montrait adorable, évidemment ! Comme si elle ne comprenait pas que je devais travailler pour avoir les moyens de partir avec elle ! Je me suis épuisé pendant ces trois années à trimer comme un fou, pour elle, pour la soutenir dans ses démarches : elle voulait travailler en tant que graphiste indépendante, mais "n'avait jamais de chance"… Elle ne gagnait pas suffisamment d'argent pour subvenir à ses besoins. J'ai fini par me rendre compte de mon état quand j'ai revu ma sœur, dont j'ai toujours été proche, mais qui habite Montréal et que je vois rarement. Elle m'a ouvert les yeux sur les véritables raisons de ma fatigue chronique, de mes angoisses et de ma mauvaise humeur persistante. Avec le recul, je m'aperçois en effet que je n'étais plus le même. C'est comme si Fany avait stimulé en moi tout le mauvais pour m'enlever tout ce qui était bon…* »

## À savoir : quand les émotions jouent le rôle de signal d'alarme

Il est peut-être inutile de le rappeler, mais une relation épanouie suscite des émotions ainsi que des sentiments nobles et positifs : amour, joie, bonheur, envie de créer, d'être meilleur, de se dépasser, de donner, de recevoir… Évidemment, il y a des hauts et des bas, comme dans toute relation, des frustrations, des jalousies, des colères, de la peur même, mais ces émotions, dans une relation harmonieuse, sont dépassées à deux grâce au dialogue, au compromis, au pardon.

Le pervers narcissique, lui, ne peut créer une telle relation puisqu'il ne veut pas construire, aimer, donner. Il veut au contraire détruire, haïr, prendre. Et, comme un effet de miroir, il influence petit à petit sa victime, qui finit par penser comme lui une fois que le processus de destruction est avancé. Comme le dit très bien François, le pervers narcissique encourage « *tout le mauvais pour enlever tout ce qui était bon* ». Ce qui caractérise une relation pervertie est un sentiment croissant d'inconfort, d'incompréhension, mais aussi de peur, d'angoisse, de colère, de tristesse. La victime se sent honteuse, dégradée, anxieuse, inhibée, elle s'emporte et se blesse facilement, devient maussade, négative, plaintive. Ces émotions, auxquelles il est important de prêter attention, sont bien souvent les signes d'une relation à sens unique, destructrice et nocive.

## À retenir

### ➢ Le pervers narcissique a besoin de l'autre pour se sentir bien

Pour cela, il fait en sorte que l'autre se sente fautif, coupable, indigne, car c'est pour lui dans l'ordre des choses : il doit détruire l'autre pour que lui-même se « construise ». Comme dans le système des vases communicants, plus la victime se désespère, plus le pervers narcissique prend de l'assurance… Mais il ne faut pas oublier qu'il est autant, si ce n'est plus, dépendant de sa victime que sa victime est dépendante de lui. Sans elle, il n'est qu'une coquille vide…

### ➢ Séduire pour mieux détruire

Le pervers sait reconnaître les points faibles et les carences affectives de chacun pour mieux en jouer. Le pervers narcissique ne séduit que pour mieux assurer son emprise sur l'autre et l'utiliser selon ses besoins et ses pulsions. Petit à petit, la victime rentre dans ce système et devient presque « complice », en acceptant des actes et des situations intolérables. Elle devient véritablement un objet passif et fataliste…

# Le pervers narcissique au travail

*« Dans l'entreprise, c'est de la rencontre de l'envie de pouvoir et de la perversité que naissent la violence et le harcèlement. »*

Marie-France Hirigoyen

## Un peu de théorie

### Le travail : un catalyseur de violences ?

Le monde du travail n'a jamais été aussi compétitif, dur, inflexible. La situation de crise mondiale, qui s'étend en toile de fond depuis plusieurs années, a rendu le travail à la fois nécessaire et tyrannique. Nécessaire parce que ne pas avoir de travail, à l'heure actuelle, c'est souvent ne pas avoir de statut, d'identité. Tyrannique, parce que même si le travail que l'on fait ne nous correspond pas, il n'est pas souvent possible de changer, de se reconvertir. Beaucoup de salariés vivent actuellement dans l'angoisse d'aller au travail, mais aussi dans celle de le perdre.

Mais, sans même tenir compte de la situation économique actuelle, le travail cristallise naturellement des enjeux importants, comme le pouvoir ou le besoin d'être reconnu et accepté. Il exacerbe les luttes pour la domination d'autrui, à petite ou à grande échelle. Il intensifie certaines problématiques sociales et culturelles, comme le racisme ou le sexisme, surtout dans les métiers très codifiés, lorsque, par exemple, la majorité des travailleurs sont des hommes, des femmes, des Blancs, des Noirs… Les nouveaux venus, « différents », risquent fort d'être rejetés, du moins les premiers temps.

Les difficultés sont souvent aggravées quand le management en place fonctionne mal : les managers ne managent plus, les cadres n'encadrent plus… C'est la règle du « chacun pour soi et Dieu pour tous » ! Mais nous y reviendrons plus tard.

Le pervers narcissique peut donc tout à fait s'épanouir dans cet environnement et trouver plaisir à dérégler encore un peu plus une mécanique déjà malmenée.

## Le pervers narcissique : un parfait harceleur

Contrairement à ce que l'on pense, le harceleur – et donc ici le pervers narcissique – n'est pas toujours le supérieur hiérarchique. Il peut être le collègue, voire le subordonné. Il lui suffit simplement de trouver une proie pour commencer son travail de sape.

## Le début du processus

Le harcèlement commence souvent avec des petits détails que l'on pense, au début, anodins. La victime, qui en général ne veut pas faire de vagues, ne relève pas ces petites marques d'irrespect, qui ne sont que les prémices d'un processus qui la détruira lentement mais sûrement.
Comme elle ne réagit pas, le pervers prend alors de l'assurance et met à exécution une vraie tentative de déstabilisation : les moqueries et plaisanteries deviennent quotidiennes. *« Oh, ben faut pas s'énerver, on rigole juste ! »* Les sous-entendus, les rumeurs et les ragots se multiplient et s'amplifient, même s'ils n'ont aucun fondement. Les sourires et les commentaires deviennent condescendants, mais restent toujours dans les limites de la « politesse ». En fait, tout est suggéré, insinué : la victime ne peut mettre de nom sur ce qu'elle subit, car tout n'est qu'ambiguïté.

## Le refus de communiquer

La victime, de toute bonne foi, essaie alors de discuter avec la personne qu'elle pense responsable de son malaise. Et là, la technique du pervers narcissique est simple : il refuse tout simplement de communiquer, nie la totalité des accusations, ou encore minimise et tourne tout à la dérision, en s'arrangeant pour que la victime n'ait aucune prise pour le confondre. Il l'accuse même de *« faire tout un plat de quelques remarques sans importance »*, de *« voir le mal partout »*, ou même d'être « *complètement parano ou caractérielle* ». La réaction est d'ailleurs immédiate : les insinuations s'intensifient, les regards méprisants se multiplient et la vraie « mise au placard » commence. Le harcelé n'est plus informé, plus convié aux réunions, aux pots du bureau. Ses tâches deviennent inintéressantes et inutiles, il ne trouve plus de sens à son travail. S'il s'énerve, s'il se rebelle, s'il demande des explications, il s'entend alors dire : « *De toute façon, tu es caractériel(le) toi, tu n'es jamais content(e)...* »

## Le cercle vicieux

Le salarié harcelé se retrouve alors dans une situation extrêmement inconfortable. Il continue à être rémunéré, mais il sait très bien qu'il n'évoluera pas. Il a également peur pour son travail, car il ne veut pas le perdre. Il sait que quelque chose se trame contre lui mais n'arrive pas à mettre la main sur des preuves concrètes. Bref, il (sur)vit difficilement, toujours sur le qui-vive, attendant la prochaine brimade. Évidemment, il ne peut donner le meilleur de lui dans ces conditions et son travail s'en ressent. Bien sûr, c'est une façon pour le pervers narcissique de le pousser à la faute, afin de pouvoir expliquer, a posteriori, l'attitude qu'il a eue a priori envers la personne harcelée. La personne prise en faute se replie alors encore plus sur elle-même, ce qui n'arrange en rien sa situation. Malheureusement, cela termine souvent devant la médecine du travail, les prud'hommes ou chez le psy. La situation est déjà tellement gangrenée qu'il est alors difficile de savoir qui dit la vérité.

## À savoir : la solidarité de plus en plus rare

La plupart des personnes victimes de harcèlement moral le diront : elles ne se sont jamais senties aussi seules qu'entourées de leurs collègues de travail, même et surtout quand la situation devenait difficilement tolérable. Car il faut bien le reconnaître, le harcèlement se nourrit de la division, des mésententes, des jalousies inhérentes à la vie en communauté : une communauté où l'on choisit rarement les personnes avec qui l'on passe une bonne partie de sa vie.

Entre ceux qui font l'autruche pour ne pas être « contaminés par le mouton noir », parce qu'ils ont peur pour leur propre travail, et ceux qui relaient, consciemment ou non les rumeurs, les sous-entendus, voire les brimades, la personne harcelée peut rarement compter sur le soutien de ses pairs. Il y a également ceux qui minimisent la situation ou qui assènent un glacial *« au moins, tu peux t'estimer heureux(se) d'avoir un travail ! »*. Bref, la solidarité n'est pas le fort de la vie au travail quand la situation s'envenime.

Ce phénomène ne fait d'ailleurs qu'amplifier l'incompréhension de la victime, qui finit réellement par se demander si elle ne se fait pas des idées, si elle n'exagère pas ou si la situation est bien comme elle le croit. Souvent, quand elle a gardé encore un peu de lucidité, la lâcheté des autres l'exaspère, la révolte ou la déprime, ce qui rend son isolement encore plus flagrant.

## À retenir

### ➢ Quand le travail devient anxiogène

Travailler peut être une activité épanouissante ou devenir un véritable bagne ! Prises dans l'étau de la productivité à tout prix, de la peur du chômage, certaines personnes doivent accepter des situations qu'elles n'auraient jamais acceptées en temps normal. Les abus de pouvoir, le harcèlement moral, la domination pure et simple peuvent alors atteindre des proportions inégalées… En toute impunité !

### ➢ Quand le pervers narcissique harcèle

Le pervers narcissique peut donc facilement prendre ses aises dans un contexte aussi compétitif. Il s'acharne alors à déstabiliser, à discréditer et à démolir ceux qui lui semblent faibles. Pour lui, ce sera juste une question de « sélection naturelle ».

### ➢ Le règne du « chacun pour soi »

Le mutisme, le laisser-faire et parfois la jalousie des autres collègues, qui peuvent alors se « venger » de leur propre frustration sur la victime, sont malheureusement monnaie courante actuellement et ne font qu'aggraver des situations aux issues parfois dramatiques.

# Conclusion

Ce livre a pour vocation de faire réfléchir le lecteur sur ses relations avec autrui, sur ses points faibles (qui correspondent bien souvent à ses besoins) et sur ses motivations. C'est donc un voyage intérieur dans le labyrinthe de sa propre expérience que nous avons voulu proposer à celui qui s'intéresse à tous ces phénomènes, souvent invisibles et pourtant omniprésents. En effet, comme le lecteur l'aura noté, la manipulation est partout. Elle est indissociable de la nature humaine, dans la mesure où elle s'appuie sur la plupart de ses besoins fondamentaux. Elle est ancrée en chacun de nous, au plus profond de nos êtres.

C'est pour cette raison que le mot manipulation apparaît comme un mot fourre-tout, et cela pour plusieurs motifs. Premièrement, il est difficile de dire quand commence la manipulation, tant cette notion est indissociable de la communication. Qui manipule ? Qui ne manipule pas ? Qu'entend-on réellement par ce terme ? Est-ce que le fait d'agir afin de se faire aimer ou aider, d'être promu ou remarqué est toujours considéré comme de la manipulation ?
On arrive ainsi au second problème : la gravité des actes. On ne peut mettre sur le même plan les crimes d'État perpétrés par des dictateurs assoiffés de pouvoir et les techniques commerciales de certains vendeurs somme toute talentueux. Dans un cas, la manipulation est à grande échelle, et l'individu isolé reste relativement impuissant. Dans l'autre cas, il suffit d'un peu de bon sens, de repartie et de réflexion pour ne pas tomber dans des pièges éprouvés mais finalement faciles à éviter.

Le plus important dans toute manipulation reste donc bien d'une part l'intention sous-jacente du manipulateur et d'autre part l'intérêt de la personne manipulée. Qui est gagnant ? Qui est perdant ? Et qu'est-on prêt à perdre pour gagner ?

# Bibliographie

*Influence et manipulation.* Robert Cialdini. Éditions First

*Les Secrets de nos comportements.* Michel Lejoyeux. Éditions Plon

*Petit Traité de manipulation à l'égard des honnêtes gens.* Robert-Vincent Joule et Jean-Léon Beauvois. Éditions PUG

*La Manipulation au quotidien, la repérer, la déjouer et en jouer.* Christophe Carré. Éditions Eyrolles.

**Edigo**

*60, rue Vitruve, 75020 Paris*

*Imprimé en République tchèque à Cesky Tesin par FINIDR*
*© Éditions Edigo - Dépôt légal : septembre 2011 - Achevé d'imprimer : août 2011*
*ISBN : 978-2-35933-129-5*